AF473372

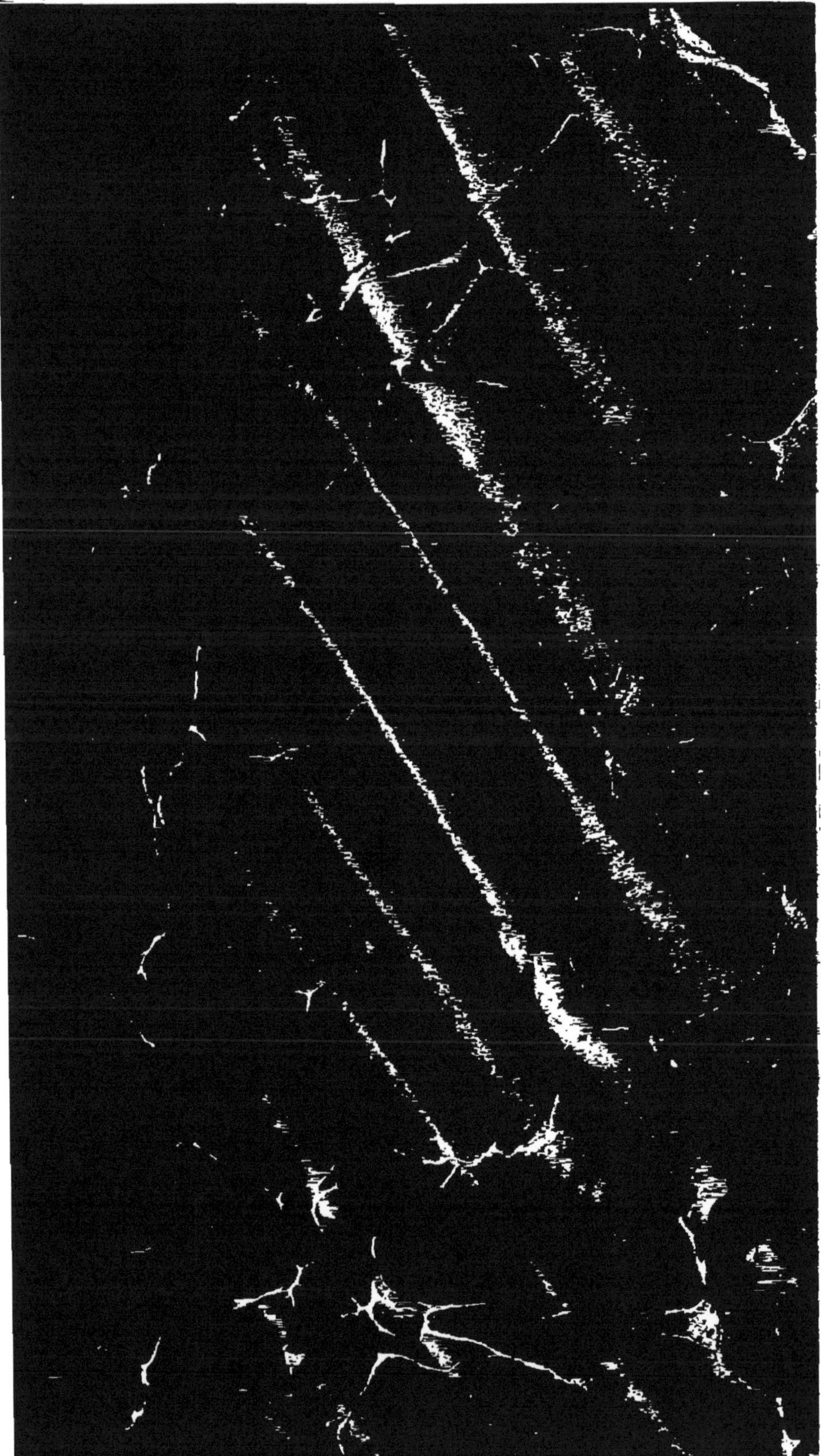

HISTOIRE

ANCIENNE

DE

ROLLIN.

19.

LAGNY. — Imprimerie D'A. LE BOYER et Cie.

HISTOIRE
ANCIENNE
DE
ROLLIN.

NOUVELLE ÉDITION,

ENRICHIE D'UNE NOTICE SUR ROLLIN.

TOME DIX-NEUVIÈME.

PARIS,

CHEZ PHILIPPE, LIBRAIRE,

RUE FURSTEMBERG, N° 8.

1835.

HISTOIRE ANCIENNE

DES ÉGYPTIENS,

DES CARTHAGINOIS, DES ASSYRIENS, DES BABYLONIENS,

DES MÈDES ET DES PERSES.

DES MACÉDONIENS ET DES GRECS.

Suite du § XVI.

Les brachmanes, dit Arrien, sont fort respectés dans les Indes. Ils ne paient aucun tribut au prince. Ils l'aident de leurs conseils, et lui rendent les mêmes services que les mages au roi de Perse. Ils s'emploient aux sacrifices publics; et, si l'on veut sacrifier en particulier, il faut qu'il y en ait quelqu'un d'eux présent, sans quoi les Indiens sont persuadés que le sacrifice ne serait pas agréable aux dieux. Ils s'appliquent particulièrement à l'inspection des astres, exercent seuls l'art de deviner, et prédisent principalement le changement des temps et des saisons. Celui qui a manqué trois fois dans ses prédictions est interdit pour toujours, et condamné au silence.

Leurs sentimens, selon Strabon, ne sont pas fort différens de ceux des Grecs.

Ils croient que le monde a commencé, qu'il finira; que sa figure est ronde; que le Dieu qui l'a créé et qui le gouverne le remplit de sa majesté; que l'eau a été le commencement de toutes choses. Pour l'immortalité des ames, et les peines des coupables dans les enfers, ils suivent la même doctrine que Platon, y mêlant, aussi bien que lui, quelques fables pour exprimer ces peines. Plusieurs d'entre eux vivent tout nus, ce qui leur a fait donner par les Grecs le nom de *gymnosophistes*. On raconte de la dureté de leur vie et de leur patience des choses incroyables. Ils n'ont point d'autre nourriture ni d'autre boisson que des légumes et de l'eau. Comme ils admettent la métempsycose, et qu'ils croient que les ames passent du corps des hommes dans celui des bêtes, ils s'abstiennent de manger de la chair des animaux. On croit que c'est des brachmanes que Pythagore a emprunté ce dogme. Ils passent des journées entières toujours debout, le visage tourné vers le soleil, et cela dans la saison de l'année la plus brûlante. Persuadés qu'il y a de la honte d'attendre la mort quand on se sent accablé par l'âge ou par la maladie, ils font gloire de prévenir leur dernière heure et de se faire brûler tout vifs. Aussi ils ne rendent aucun honneur aux personnes qui ne meurent que de vieillesse; et croient souiller leur bûcher, et le feu qui doit les réduire en cendres, s'ils n'y entrent tout en vie. D'autres, plus sensés et plus humains que les premiers, vivent dans les villes et dans le commerce du monde, et, loin d'attacher une idée de vertu et de courage à une mort volontaire, regardent comme une faiblesse de ne pouvoir attendre en paix le dernier moment, et comme un crime d'oser prévenir l'ordre des dieux.

Cicéron a admiré dans les Tusculanes la patience invincible, non-seulement des sages de l'Inde, mais aussi des femmes du même pays, qui disputent à l'envi à qui mourrait après la mort de leur mari commun. Ce privilège était réservé à celle que le mari avait le plus aimée pendant sa vie; et il lui était adjugé par la sentence d'arbitres nommés pour ce sujet, qui ne prononçaient qu'après un mûr examen, et sur les preuves alléguées de part et d'autre. Celle qui avait été préférée courait à la mort et montait sur le bûcher, avec une constance et une joie inconcevable, pendant qu'on voyait celles qui lui survivaient se retirer pénétrées de douleur et baignées de larmes.

Porphyre fait une description de ces philosophes, assez semblable en plusienrs choses à ce que je viens d'en rapporter. Selon lui, les brachmanes vivent d'herbes, de légumes et de fruits. Ils s'abstiennent de toutes sortes d'animaux, et n'en peuvent toucher aucun sans se rendre immondes. Ils passent la plus grande partie du jour et de la nuit à chanter des hymnes en l'honneur de leurs dieux. Ils prient et jeûnent continuellement. La plupart d'entre eux vivent seuls et dans la solitude, n'étant point mariés, et ne possédant aucun bien. Il n'y a rien qu'ils souhaitent tant que la mort; et ils considèrent cette vie comme une chose onéreuse, attendant avec impatience que leur ame se sépare de leur corps.

Ces philosophes subsistent encore dans les Indes, sous le nom de *bramines* ou *brames*, et conservent en beaucoup de choses la tradition et les dogmes des anciens brachmanes.

Alexandre, passant près d'une ville où demeuraient plusieurs de ces brachmanes, aurait fort desiré de s'entretenir avec eux, et, s'il se pouvait, d'en attacher quelqu'un à sa suite. Sachant que ces philosophes ne sortaient point pour faire des visites, mais qu'il fallait se transporter chez eux pour les voir, il ne jugea pas qu'il fût de sa dignité d'aller les trouver, ni de la justice aussi de les forcer à faire quelque chose contre leurs lois et leurs coutumes. Onésicrite, qui était lui-même grand philosophe, et qui avait été disciphe le Diogène le cynique, fut député vers eux. Il en trouva une quinzaine non loin de la ville, qui depuis le matin jusqu'au soir se tenaient nus dans la même situation et dans la même posture où ils s'étaient mis d'abord, et qui, vers le soir, rentraient dans la ville. Ayant abordé Calanus, il lui exposa le sujet de sa députation. Celui-ci, à la vue de ses habits et de ses souliers, ne put s'empêcher de rire. Puis il lui raconta « qu'anciennement la terre était couverte d'orge et de froment, comme elle l'était maintenant de poussière: qu'outre l'eau, on voyait couler dans les fleuves le lait, le miel, l'huile et le vin : que les crimes des hommes avaient changé cet heureux état ; et que, pour punir leur ingratitude, Jupiter les avait condamnés à un long et pénible travail : que, touché de leur repentir, il les avait rétablis dans la première abondance, mais que les choses prenaient le train de retourner dans l'ancien désordre. » Ce récit montre clairement que ces philosophes avaient quelque idée de la félicité du premier homme, et du travail auquel son crime l'avait assujéti.

Après ce premier entretien, Onésicrite s'adressa à Mandanis : c'était le plus ancien et comme le supérieur de la troupe. Ce brachmane dit « qu'il trouvait Alexandre admirable de s'occuper ainsi du desir de la sagesse au milieu des soins du gouvernement : qu'il était le premier qui eût réuni en lui les deux qualités de conquérant et de philosophe ; qu'il serait à souhaiter que cette dernière se trouvât dans ceux qui pourraient inspirer la sagesse par leurs lumières, et la commander par leur autorité. » Il ajouta qu'il ne comprenait point quelle raison avait pu porter Alexandre à faire un si long et si pénible voyage, ni ce qu'il venait chercher dans un pays si éloigné.

Onésicrite les pressa l'un et l'autre de quitter la vie dure qu'ils menaient, et de venir se joindre à la suite d'Alexandre, en qui ils trouveraient un maître généreux et bienfaisant, qui les comblerait de toutes sortes de biens et d'honneur. Alors Mandanis, prenant un ton fier et de philosophe, répondit, « qu'il n'avait que faire d'Alexandre, et qu'il était fils de Jupiter aussi bien que lui: qu'il était sans besoin, sans desir et sans crainte: que, tant qu'il vivrait, la terre lui fournirait ce qui était nécessaire pour sa nourriture, et que la mort le délivrerait d'un compagnon fâcheux et incommode (il entendait son corps), et le mettrait en pleine liberté. » Calanus se montra plus traitable; et, malgré l'opposition et même la défense de son supérieur, qui lui reprochait sa lâcheté, de pouvoir se résoudre à servir un autre maître que Dieu, il suivit Onésicrite, et se rendit à la cour d'Alexandre, qui le reçut avec de grandes démonstrations de joie.

On voit, par un trait que l'histoire nous a conservé de lui, que ces peuples, pour mieux exprimer leurs pensées, employaient souvent des paraboles et des similitudes. Un jour qu'il s'entretenait avec Alexandre sur les maximes d'une sage politique et d'un bon gouvernement, il exposa aux yeux de ce prince une image sensible et un emblème naturel de son empire. Il jeta à terre un grand cuir de bœuf fort sec et fort retiré, et mit le pied sur un des bouts. Ce cuir, pressé par un bout, baissa, et tous les autres bouts s'élevèrent. En faisant ainsi le tour du cuir, et le pressant sur toutes les extrémités, il lui fit voir que, pendant qu'il baissait d'un côté, il s'élevait de tous les autres, jusqu'à ce que, s'étant mis au milieu, il tint le cuir en état, et également abaissé partout. Par cette image, il voulait lui démontrer qu'il devait résider au centre de ses états, et n'entreprendre pas de si grands voyages. Nous verrons bientôt quelle fut la fin de ce philosophe.

Alexandre, résolu de faire toujours la guerre tant qu'il trouverait de nouveaux peuples, et de les regarder comme ennemis tant qu'ils ne lui seraient pas soumis*, songeait à passer l'Hyphase. Il apprit qu'au-delà de ce fleuve il y avait pour onze journées de déserts, et qu'après on trouvait le Gange, le plus grand de tous les fleuves des Indes; que plus avant habitaient les Gangariens et les Prasiens, dont le roi se préparait à défendre l'entrée de ses états avec vingt mille chevaux, et deux cent mille hommes de pied, fortifiés encore de deux mille chariots, et, ce qui donnait encore plus de terreur, de trois mille éléphans. Ce bruit, s'étant répandu dans l'armeé, y jetta la consternation, et y excita un murmure universel. Les Macédoniens, qui, après avoir traversé tant de pays et vieilli sous les armes, tournaient sans cesse leurs yeux et leurs desirs vers la douce patrie, se plaignirent hautement qu'Alexandre entassait tous les jours guerre sur guerre et danger sur danger. Ils venaient tout récemment de souffrir d'affreuses fatigues, ayant essuyé des pluies mêlées d'orage et de tonnerre, qui avaient duré plus de deux mois. Les uns déploraient leur misère en des termes qui excitaient la compassion : d'autres, plus insolens, criaient tout haut qu'ils n'iraient pas plus loin.

Alexandre ayant appris ce tumulte, et su qu'il se faisait de secrètes assemblées dans son camp, pour en prévenir les suites, fit venir les officiers dans sa tente, et leur ordonna d'assembler les troupes, auxquelles il parla de la sorte : « Je n'ignore pas, soldats, que les Indiens ont publié beaucoup de choses à dessein de nous effrayer; mais ces discours et ces artifices ne sont pas nouveaux pour vous. C'est ainsi que les Perses nous parlaient des défilés de la Cilicie, des vastes campagnes de la Mésopotamie, des fleuves du Tigre et de l'Euphrate, comme d'autant de difficultés insurmontables. Votre courage les a pourtant surmontées. Vous repentez-vous de m'avoir suivi jusqu'ici ? Si vos glorieux travaux vous ont acquis un nombre infini de provinces, si vous avez étendu vos conquêtes au-delà de l'Iaxarte et du Caucase, si vous voyez couler les fleuves des Indes au millieu de votre empire, pourquoi redoutez-vous de passer l'Hyphase, et de planter vos trophées sur ses bords comme sur ceux de l'Hydaspe ? Quoi! serait-ce donc ce nombre d'éléphans, qu'on exagère visiblement, qui vous effraierait de la sorte? Mais n'avez-vous pas éprouvé qu'ils sont plus pernicieux à leurs propres maîtres qu'aux ennemis? On cherche à vous intimider par une idée terrible d'armées innombrables. Le sont-elles plus que celles de Darius? Vous vous avisez bien tard de compter les légions de vos ennemis, après que vos victoires ont fait de l'Asie un grand désert. C'était quand nous passions l'Hellespont qu'il fallait considérer le petit nombre de nos troupes. Maintenant les Scythes font partie de notre armée; les Bactriens, les Sogdiens et les Dahes sont avec nous, et combattent pour notre gloire. Ce n'est pas pourtant que je compte sur ces Barbares. Je ne me repose que sur vous, je n'envisage que vos bras victorieux, et votre courage seul est pour moi un garant sûr du succès de mes entreprises. Tandis que je vous aurai à mes côtés dans les combats, je n'aurai pas besoin de compter ni mes troupes, ni celles des ennemis, pourvu seulement que je vous voie cette confiance et cette allégresse que vous m'avez toujours montrées jusqu'ici.

Il ne s'agit pas seulement de notre gloire, mais de notre salut. Nous ne pouvons maintenant prendre le parti de la retraite, sans paraître fuir devant nos ennemis; et dès-là nous nous rendons méprisables, et eux terribles; car vous savez que dans la guerre la réputation fait tout. Je pourrais user d'autorité, mais je n'emploie que des prières. N'abandonnez point, je vous en conjure, je ne dis pas votre maître et votre roi, mais votre nourrisson et votre compagnon d'armes. Ne brisez point dans mes mains cette palme si glorieuse, qui va m'égaler à Hercule et à Bacchus, à moins que l'envie ne m'arrache cette gloire. » Comme les soldats ne disaient mot, tenant la tête baissée contre terre, « Je parle à des sourds, continua-t-il. Personne ne m'écoute et ne daigne me répondre. Ah! je suis abandonné, je suis vendu, on me livre aux ennemis; mais, dussé-je être seul, je passerai outre. Les Scythes et les Bactriens, plus fidèles que vous, me suivront partout où je les mènerai. Allez donc en votre pays, et vantez-vous, lâches déserteurs de votre roi, de l'avoir abandonné; pour moi, je trouverai ici ou la victoire dont vous désespérez, ou une glorieuse mort, qui désormais doit faire l'unique objet de mes vœux. »

Quelque vif et quelque touchant que fût le discours d'Alexandre, il ne put jamais tirer une parole de la bouche des soldats. Gardant un morne et opiniâtre silence, ils attendaient que leurs commandans et les principaux officiers lui remontrassent qu'ils ne manquaient pas d'affection, mais qu'étant tout percés de coups et épuisés de travaux ils ne pouvaient plus servir. Aucun d'eux n'osait prendre sur lui de parler en leur faveur. L'exemple de Clitus et celui de Callisthène étaient encore tout récens. Ces officiers avaient cent fois exposé leur vie pour le prince dans les combats, mais ils n'avaient pas le courage de hasarder leur fortune en lui disant la vérité. Ainsi, et soldats et officiers, ils demeuraient tout interdits, sans oser lever les yeux, lorsqu'il s'excita tout à coup un murmure, qui, croissant peu à peu, éclata en des gémissemens et des pleurs si extraordinaires, que le roi lui-même, ayant changé sa colère en compassion, ne put s'empêcher de pleurer.

Enfin, comme toute l'assemblée fondait en larmes et gardait un profond silence, Cœnus s'enhardit et s'approcha du trône, témoignant qu'il voulait parler. Et quand les soldats virent qu'il ôtait son casque, car c'était la coutume de l'ôter pour parler au roi, ils le prièrent de plaider la cause de l'armée; et voici comme il s'expliqua : « Non, seigneur, nous ne sommes point changés à votre égard : aux dieux ne plaise qu'un pareil malheur nous arrive! Nous avons et nous aurons toujours le même zèle, le même attachement, la même fidélité. Nous sommes prêts à vous suivre au péril de nos vies, et de marcher partout où il vous plaira de nous conduire. Mais, s'il est permis à vos soldats de vous exposer leurs sentimens avec sincérité et sans déguisement, ils vous supplient de vouloir bien écouter leurs plaintes respectueuses, qu'une dernière extrémité leur arrache de la bouche. La grandeur de vos exploits, seigneur, a vaincu non-seulement vos ennemis, mais vos soldats même. Nous avons fait tout ce que des hommes pouvaient faire. Nous avons traversé les terres et les mers. Nous voici bientôt arrivés au bout du monde; et vous songez à en conquérir un autre en allant chercher de nouvelles Indes, inconnues même aux Indiens. Cette pensée peut être digne de votre courage; mais elle passe le nôtre, et nos forces encore plus. Voyez ces visages hâves et ces corps tout couverts de plaies et de cicatrices. Vous savez combien nous étions à votre départ : vous voyez ce qui vous reste. Ce peu qui a échappé à tant de périls et de fatigues n'a plus ni le courage ni la force de vous suivre. Ils desirent tous de revoir leurs parens et leur patrie pour y jouir en paix du fruit de leurs travaux et de vos victoires. Pardonnez-leur ce desir, qui est naturel à tous les hommes. Il vous sera glorieux, seigneur, d'avoir mis à votre fortune des bornes que votre modération seule pouvait lui imposer, et de vous être laissé vaincre vous-même après avoir vaincu tous vos ennemis. »

Il n'eut pas sitôt achevé de parler, qu'on entendit de tous côtés des cris et des voix confuses mêlées de pleurs, qui appelaient le roi *leur seigneur et leur père.* Ensuite tous les autres officiers, principalement ceux à qui l'âge donnait plus d'autorité et une plus honnête excuse, lui firent la même supplication. Le roi ne se rendit pas encore. Il en coûte beaucoup à un prince quand il faut paraître céder. Il s'enferma dans sa tente pendant deux jours sans parler à personne, non pas même à ses amis les plus familiers, pour voir s'il ne se ferait point quelque changement dans l'armée, comme il arrive souvent en ces rencontres. Mais, voyant les soldats obstinés dans leur résolution, il fit publier qu'on se préparât au retour. Les troupes reçurent cette nouvelle avec une joie incroyable. Jamais Alexandre ne parut plus grand ni plus glorieux que dans cette journée, où il voulut bien, en faveur de ses sujets, sacrifier quelque chose de sa gloire et de sa grandeur. Tout le camp retentissait de louanges et de bénédictions qu'on lui donnait de s'être laissé vaincre à ses soldats, lui qui était invincible à tous les autres. Nul triomphe n'approche de ces acclamations et de ces applaudissemens qui partent du cœur, et qui en sont une vive et sincère effusion; et il est fâcheux que les princes n'y soient pas assez sensibles.

(Av. J.-C. 326.) Alexandre n'avait employé que trois ou quatre mois tout au plus pour la conquête du pays entre l'Indus et l'Hyphase, appelé encore actuellement *le Pengab*, c'est-à-dire *les cinq eaux*, à cause des cinq rivières qui l'arrosent. Avant que de partir, il fit dresser douze autels, pour servir de trophées et d'actions de graces de ses victoires.

Ces témoignages de reconnaissance à l'égard des dieux furent accompagnés de traits d'une vanité poussée jusqu'à un excès qu'on a peine à croire. Les autels qu'il dressa en leur honneur étaient hauts de soixante-quinze pieds. Il fit tracer un camp qui avait plus du triple de circuit qu'auparavant, et l'environna de fossés qui avaient cinquante pieds de profondeur sur dix de largeur. Il ordonna aux fantassins de dresser et de laisser chacun dans leurs tentes deux lits de sept pieds et demi de long, et aux cavaliers de faire pour les chevaux des auges une fois plus grandes qu'à l'ordinaire. Tout le reste était à proportion. La vue d'Alexandre, dans ces ordres pleins d'une vaine extravagance, était de laisser à la postérité des monumens de sa grandeur héroïque et plus qu'humaine, et de faire croire que lui et les siens étaient au-dessus des autres mortels.

(Av. J.-C. 325.) Alexandre repassa l'Hydraote, et laissa à Porus tout ce qu'il avait conquis jusqu'à l'Hyphase. Il réconcilia aussi ce prince avec Taxile, et affermit la paix entre eux par une alliance qui leur était à tous deux également avantageuse. De là il alla camper sur les bords de l'Acésine. Les grandes pluies ayant fait déborder ce fleuve, et les campagnes qui en étaient voisines se trouvant inondées, il fut obligé de transporter son camp sur les lieux les plus élevés. Ce fut là que Cœnus mourut de maladie. Il fut regretté généralement et du prince et de l'armée. Il n'y avait point de meilleur officier que lui. Il s'était distingué d'une manière particulière dans tous les combats. C'était un de ces hommes rares, zélés pour le bien public, qui agissent sans aucune vue d'intérêt ou d'ambition, et qui aiment assez leur roi pour oser lui dire la vérité aux dépens de tout. Alexandre cependant préparait tout pour son départ.

La flotte était composée de huit cents vaisseaux, tant galères que barques, pour porter les troupes et les vivres. Quand tout fut prêt l'armée s'embarqua, vers le coucher des pléiades, selon Aristobule, c'est-à-dire vers la fin d'octobre. La flotte arriva le cinquième jour aux confluens de l'Hydaspe et de l'Acésine. Elle y souffrit beaucoup, parce que ces rivières se joignent avec tant de violence, qu'il s'y fait des tourmentes comme en pleine mer. Il entra enfin dans le pays des Oxydraques et des Malliens, qui étaient les plus vaillans des peuples de ce pays. Ils étaient perpétuellement en guerre les uns contre les autres; mais, l'intérét commun les ayant alors réunis, ils avaient assemblé dix mille chevaux et quatre-vingt mille hommes de pied, tous jeunes et vigoureux, avec neuf cents chariots. Alexandre les battit en plusieurs rencontres, prit sur eux quelques places, et en dernier lieu marcha contre la ville des Oxydraques, où la plupart s'étaient retirés. Il fait planter les échelles sans perdre de temps; et comme on tardait trop à son gré, il en arrache une à un soldat, monte le premier couvert de son bouclier, et arrive sur le haut du mur, suivi seulement de Peuceste et de Limnée. Les soldats, craignant pour sa personne montent précipitamment pour l'aller soutenir, mais les échelles se brisent, et le roi demeure sans secours. Se voyant en butte à tous les coups qu'on tirait tant des tours que du rempart, par un effort de témérité plutôt que de bravoure il saute dans la place remplie d'ennemis, ne pouvant raisonnablement attendre autre chose que d'être pris ou tué avant que de se relever, sans avoir moyen de se défendre et de venger sa mort. Par bonheur il balança tellement son corps qu'il tomba sur ses pieds; et se trouvant debout, l'épée à la main, il écarta ceux qui étaient les plus proches, et tua même de sa main le chef des ennemis qui s'avançait pour le percer. Par un second bonheur, il se trouva tout près de là un gros arbre, sur le tronc duquel il s'appuya, recevant sur son bouclier tous les traits qu'on lui tirait de loin; car personne n'osait approcher, tant la hardiesse de l'entreprise et le feu qui sortait de ses yeux avaient jeté d'épouvante parmi les ennemis. Enfin un Indien décocha contre lui une flèche de trois pieds (leurs flèches sont de cette longueur), qui, perçant sa cuirasse, lui entra bien avant dans le corps, un peu au-dessus du côté droit. Il en sortit une si grande abondance de sang, que les armes lui en tombèrent des mains, et il demeura comme mort. Voilà donc ce grand conquérant, ce vainqueur des nations, près de périr, non à la tête de ses armées, ou au siège de quelque place considérable, mais dans le coin d'une ville obscure où sa témérité l'a poussé! Celui qui l'avait blessé accourut plein de joie pour le dépouiller; mais il ne sentit pas plutôt mettre la main sur lui, que, ranimé par le desir de la vengeance, il rappela ses esprits, et tâtant son ennemi au défaut des armes, il lui plongea le poignard dans le flanc. Quelques-uns de ses principaux officiers, Peuceste, Léonat, Timée, qui avaient tiré le haut du mur avec quelques soldats, arrivent dans le moment, et tentant l'impossible pour sauver leur maître, lui font un rempart de leurs corps, et soutiennent tout l'effort des ennemis. C'est alors qu'il y eut un grand combat autour de sa personne. Cependant les soldats qui étaient montés avec ces officiers, ayant rompu les verroux d'une petite porte qui était entre deux tours, firent entrer les Macédoniens; et bientôt après la ville fut prise, et tout fut passé au fil de l'épée, sans distinction ni d'âge ni de sexe.

Le premier soin fut de transporter Alexandre dans sa tente. Quand il y fut arrivé, les chirurgiens* coupèrent si adroitement le bois de la flèche qu'il avait dans le corps, qu'ils n'ébranlèrent point le fer; et, après l'avoir déshabillé, ils s'aperçurent que la flèche était barbelée**, et qu'on ne la pouvait tirer sans danger si l'on n'élargissait la plaie. Le roi soutint l'opération avec une fermeté inconcevable, sans qu'il fût besoin de le tenir. L'incision étant faite, et le fer hors de la plaie, il en sortit une si grande quantité de sang que le roi tomba en syncope. On le crut mort; mais le sang étant arrêté, il revint peu à peu, et reconnut ceux qui étaient auprès de lui. Tout le jour et toute la nuit d'après, l'armée fut sous les armes autour de sa tente; et ils ne voulurent point partir de là, qu'ils ne fussent assurés qu'il se portait mieux et qu'il commençait un peu à reposer.

* Ils n'étaient pas distingués des médecins.

** On appella ainsi les flèches qui ont des dents

Au bout de sept jours qu'il mit à se faire traiter, sa blessure n'étant pas encore fermée, comme il sut que le bruit de sa mort s'augmentait parmi les Barbares, il fit joindre deux vaisseaux ensemble et dresser sa tente au milieu à la vue de tout le monde, afin de se montrer à ceux qui le croyaient mort, et de dissiper ainsi tous leurs projets et toutes leurs espérances. Il descendit ensuite par eau, s'avançant à quelque distance du reste de sa flotte, de peur que le bruit des rames ne lui ôtât le repos, qui lui était si nécessaire pour rétablir ses forces. Quand sa santé fut un peu affermie et qu'il se trouva en état de sortir, ses soldats des gardes lui apportèrent sa litière; mais il se fit amener son cheval et monta dessus. Alors tout le rivage et les forêts voisines retentirent des cris de joie de l'armée, qui croyait en quelque sorte le voir sortir du tombeau. Lorsqu'il fut près de sa tente, il mit pied à terre et marcha, pendant quelque espace, environné d'une foule de soldats, dont les uns lui baisaient les mains, les autres embrassaient ses genoux,

ou des pointes dans leur ferrure, qui sont recourbées et rebroussées.

quelques-uns se contentaient de toucher à ses habits ou de le voir; tous fondaient en larmes, et, le comblant de bénédictions, faisaient des vœux pour sa santé et pour sa vie.

Dans ce moment arrivèrent les députés des Malliens avec les principaux chefs des Oxydraques, jusqu'au nombre de cent cinquante, outre les gouverneurs des villes et de la province, qui lui apportaient des présens et lui venaient faire hommage, s'excusant sur l'amour de la liberté qui les avait retenus jusqu'alors. Ils lui dirent qu'ils étaient prêts à recevoir un satrape de sa main, à lui payer tribut, et à lui fournir des otages. Il demanda mille des principaux, dont il se pût aussi servir à la guerre, jusqu'à ce qu'il eût réduit tout le pays sous son obéissance. Ils lui donnèrent les mieux faits, avec cinq cents chariots qu'il n'avait point exigés d'eux; ce qui le toucha tellement, qu'il leur rendit leurs otages. Il leur laissa Philippe pour gouverneur.

Alexandre, à qui cette ambassade causa une grande joie, et qui sentait tous les jours ses forces augmenter, goûtait avec d'autant plus de plaisir les fruits de la victoire et de la santé, qu'il s'était vu tout près de les perdre pour toujours. Les principaux de sa cour et ses plus intimes amis crurent devoir profiter de ce moment de sérénité pour répandre leur cœur en sa présence et lui exposer leur crainte. Ce fut Cratère qui porta la parole : « Nous commençons, dit-il, seigneur, à vivre et à respirer, en vous voyant dans l'état où la bonté des dieux vous a rétabli. Mais quelle a été notre alarme et notre douleur ! quels reproches ne nous sommes-nous pas faits à nous-mêmes d'avoir abandonné dans un tel péril notre roi et notre père ! il n'était pas en notre pouvoir de le suivre : mais nous ne nous en sommes pas crus pour cela moins coupables, et nous avons regardé comme un crime de n'avoir pas fait pour vous l'impossible. Ah! seigneur, épargnez-nous désormais une pareille affliction. Une méchante bicoque mérite-t-elle d'être achetée au prix d'une tête comme la vôtre? Laissez-nous ces menus exploits et ces petits combats, et réservez votre personne pour des occasions dignes d'elle. Nous frémissons encore d'horreur quand nous pensons à ce qui s'est passé sous nos yeux. On a vu l'heure que les plus viles mains du monde allaient enlever les dépouilles du plus grand prince de la terre. Permettez-nous, seigneur, de vous le dire : Vous n'êtes point à vous : vous nous appartenez : nous avons droit sur votre vie, dont la nôtre dépend; et nous osons vous conjurer, en qualité de vos sujets et de vos enfans, de ménager une vie si précieuse avec plus de soin, sinon pour vous, du moins pour les vôtres et pour le bonheur de l'univers. »

Le roi fut sensiblement touché de ces témoignages de leur affection; et, les ayant tous embrassés l'un après l'autre avec une tendresse extraordinaire, il leur répondit en ces termes : « Je ne puis assez vous remercier tous tant que vous êtes ici, qui êtes la fleur et l'élite de mes citoyens et de mes amis, non-seulement de ce qu'aujourd'hui vous préférez mon salut au vôtre, mais encore de ce que, dès l'entrée de cette guerre, il n'y a sorte de preuve que je n'aie reçue de votre zèle et de votre affection; et, si quelque chose est capable de me faire desirer une plus longue vie, c'est le plaisir de jouir plus long-temps d'amis aussi précieux que vous. Mais souffrez que je vous dise que vous et moi nous avons des pensées bien différentes. Vous souhaitez de me posséder long-temps, et toujours même s'il se pouvait; et moi ce n'est pas sur l'âge, mais sur la gloire, que je mesure ma durée. Je pouvais borner mon ambition aux limites de la Macédoine, et, content du royaume de mes pères, attendre au milieu des délices et dans le sein de l'oisiveté une honteuse vieillesse. J'avoue qu'à compter mes victoires et non mes années, on doit trouver que j'ai beaucoup vécu; mais vous semble-t-il qu'après avoir fait un seul empire de l'Europe et de l'Asie, vainqueur des deux meilleures parties de l'univers dans la dixième année de mon règne et la trentième de mon âge, je doive m'arrêter au milieu d'une si belle carrière, et cesser de travailler pour la gloire, à laquelle je me suis entièrement dévoué? Sachez que cette gloire ennoblit tout, et qu'elle donne une vraie et solide grandeur à ce qui paraît le plus petit. En quelque part que je combatte, je croirai être sur le théâtre du monde et à la vue de toute la terre. J'ai ſait de grandes choses jusqu'ici, je l'avoue : mais le pays où nous sommes me reproche qu'une femme en a fait encore de plus grandes. Je parle de Sémiramis : que de peuples soumis à son obéissance! que de villes bâties! que de superbes et prodigieux ouvrages achevés! quelle honte pour moi de n'avoir pu égaler encore sa gloire! Je la surpasserai bientôt, si vous secondez mon ardeur. Défendez-moi seulement des sourdes menées et des trahisons domestiques, qui font périr la plupart des princes; je prends le reste sur moi, et vous réponds de tous les évènemens de la guerre. »

Un tel discours fait connaître à fond le caractère d'Alexandre. Il n'avait aucune idée de la véritable gloire; il n'en connaissait ni le principe, ni la règle, ni la fin. Il la mettait certainemeut où elle n'était pas. L'erreur populaire faisait la sienne et l'entretenait. Il pensait que sa destination était de ne vivre que pour la gloire, et qu'il ne pouvait en acquérir que par des conquêtes sans mesure, sans justice, sans ordre. Dans ses impétueuses saillies pour une gloire mal entendue, il ne suivait ni la raison, ni la vertu, ni l'humanité; et, comme si ses caprices ambitieux eussent dû être la règle de tous les autres hommes, il trouvait étrange que ses officiers et même que ses soldats n'entrassent pas dans ses vues, et ne se prêtassent que de mauvaise grace à ses folles entreprises.

Alexandre, après avoir tenu ce discours, congédia l'assemblée, et campa plusieurs jours dans ce même lieu. Il s'embarqua ensuite sur la rivière, et son armée le suivait par terre en côtoyant les bords. Il arriva chez les Sabraques, nation puissante entre les Indiens. Ils avaient levé soixante mille hommes de pied et six mille chevaux, et y avaient joint cinq cents chariots : mais l'arrivée d'Alexandre répandit la terreur dans tous le pays, et ils envoyèrent des ambassadeurs pour se rendre. Après avoir bâti une ville, qu'il fit nommer encore *Alexandrie*, il entra dans les terres de Musican, prince fort riche, puis dans celles du roi Samus. C'est en assiégeant une des places de ce roi, que Ptolémée fut dangereusement blessé, parce que les Indiens avaient empoisonné tous leurs traits et toutes leurs épées, de sorte que toutes leurs blessures étaient mortelles. Alexandre, qui l'aimait et l'estimait infiniment, témoigna beaucoup d'inquiétude, et fit apporter le lit du malade auprès de lui pour ne point l'abandonner. Il était son parent, et, selon quelques-uns, fils naturel de Philippe : c'était un des plus vaillans hommes de l'armée, fort estimé pour la guerre, et plus propre encore pour la paix; au reste, ennemi de tout luxe, extrêmement libéral, de facile accès, et qui s'était tenu entièrement éloigné du faste que l'opulence et la prospérité avaient fait prendre aux autres seigneurs macédoniens; enfin on ne pouvit dire s'il était plus considéré du roi, ou de ceux de sa nation. On dit qu'Alexandre vit en songe un dragon qui lui présentait une herbe comme un remède contre le mal de son ami, et qu'en effet, l'ayant fait chercher, et l'ayant appliquée sur sa blessure, il fut guéri en peu de jours : ce qui causa une grande joie à toute l'armée.

Le roi, continuant toujours sa navigation, arriva à Patale vers le lever de la canicule, c'est-à-dire sur la fin du mois de juillet. Ainsi le temps qui se passa depuis le départ de la flotte jusqu'à son arrivée à Pétale fut de neuf moins. L'Indus se sépare ici en deux larges bras, et forme une île semblable au Delta du Nil, mais beaucoup plus grande : et c'est ce qui a fait ainsi appeler la ville que je viens de nomme; car, selon Arrien, *Patale* signifie, dans la langue indienne, la même chose que *Delta* dans la grecque. Alexandre fit bâtir à Patale une citadelle, avec un port et un arsenal pour les navires. Pour lui, il s'embarqua sur le bras droit du fleuve pour aller jusqu'à l'Océan, exposant tant de braves hommes à la merci d'un fleuve inconnu : leur seule consolation, dans une entreprise si téméraire, était le continuel bonheur du roi. Il avait déja fait vingt lieues *, quand les pilotes lui dirent qu'ils commençaient à sentir l'air de la mer, et qu'il leur semblait que l'Océan n'était pas loin. A cette nouvelle, tressaillant de joie, il encourage les matelots à ramer de toutes leurs forces, et représente aux soldats « qu'ils étaient à la fin de leurs travaux, si ardemment desirés : qu'on ne pouvait plus rien opposer à leur valeur, ni ajouter à leur gloire : que, sans plus combattre ni répandre de sang, ils étaient maîtres de l'univers : que leurs

* 400 stades.

exploits allaient aussi loin que la nature, et que bientôt ils verraient des choses qui n'étaient connues qu'aux dieux immortels. »

Quand ils furent plus près de la mer, un évènement inopiné et nouveau pour eux les jeta dans un grand trouble, et exposa la flotte à de grands dangers : c'était le flux et le reflux de l'Océan. Jugeant de cette vaste mer par celle de la Méditerranée, qui leur était seule connue, et qui n'a que des flux imperceptibles, ils furent fort étonnés lorsqu'ils la virent s'enfler considérablement, et inonder les campagnes; et ils croyaient que c'était un signe de la colère des dieux, qui voulaient punir leur témérité. Ils ne furent pas moins surpris ni moins effrayés, quelques heures après, quand ils virent le reflux de la mer qui se retirait comme elle était venue, laissant à découvert les terres qu'elle venait de submerger. La flotte eut beaucoup à souffrir; et, les vaisseaux étant demeurés à sec, les champs étaient semés de hardes, de rames brisées et d'ais fracassés, comme après un grand orage.

Enfin Alexandre, après avoir employé

neuf mois entiers à descendre par les rivières, arriva à l'Océan, et, contemplant avec des yeux avides cette vaste étendue de mers, il crut que ce spectacle, digne d'un grand conquérant comme lui, le dédommageait avantageusement de toutes les fatigues qu'il avait essuyées, et de tant de milliers d'hommes qu'il avait perdus pour y parvenir. Il fit des sacrifices aux dieux, et en particulier à Neptune; jeta dans la mer les taureaux qu'il avait immolés, et grand nombre de coupes d'or; et pria les dieux qu'après lui jamais homme mortel ne passât les bornes de son expédition. Voyant qu'il avait porté ses conquêtes jusqu'aux bornes les plus reculées de la terre de ce côté-là, il crut avoir fait tout ce qu'il s'était proposé, et, bien content de lui-même, il alla retrouver le reste de sa flotte et de son armée, qui étaient restées à Patale ou dans les environs.

§ XVII. Alexandre, de retour à Patale, fit tout préparer pour le départ de la flotte. Il nomma pour amiral Néarque, qui de tous les officiers, fut le seul qui osa se charger de cette commission, extrêmement dangereuse, parce qu'il s'agissait de faire voile sur une mer absolument inconnue. Le roi lui sut bon gré d'avoir bien voulu l'accepter; et, après lui en avoir marqué sa reconnaissance d'une manière tout-à-fait obligeante, il le chargea de reconnaître, avec sa flotte, qui était l'élite de ses meilleurs vaisseaux, la côte maritime depuis l'Inde jusqu'au fond du golfe Persique; et, après avoir donné ses ordres, il prit sa route par terre vers Babylone.

Néarque ne partit pas de l'Indus en même temps qu'Alexandre. La saison n'était pas alors propre à la navigation : c'était en été, où règnent les vents de mer qui viennent du côté du sud; et la saison des vents du nord, qui soufflent en hiver, n'était pas encore venue. Il ne mit donc à la voile que vers la fin de septembre, et c'était encore trop tôt : aussi fut-il traversé par les vents quelques jours après son départ, et obligé de chercher un abri pendant vingt-quatre jours.

C'est Arrien qui nous apprend tout ce détail dans le journal exact qu'il fait de cette navigation; sur les mémoires de Néarque lui-même.

Alexandre, ayant quitté Patale, marcha

par terre au travers du pays des Orites, dont la capitale s'appelait Ora ou Rhambaçis. Il s'y trouva dans une si extrême disette de vivres, qu'il perdit beaucoup de monde, et qu'il ramena à peine de ces Indes la quatrième partie de son armée, qui était de six-vingt mille hommes de pied, et de quinze mille chevaux. Les maladies, la méchante nourriture, les excessives chaleurs, en emportèent une infinité; mais la famine fit encore un plus grand ravage parmi les troupes dans ce pays stérile, qui n'était ni cultivé, ni semé, et dont les habitans étaient des sauvages qui menaient une vie dure et malheureuse. Quand on eut consumé toutes les racines de palmiers qui se trouvaient dans le pays, il fallut manger les bêtes de somme, puis les chevaux de service; et, quand il n'y eut plus de quoi porter le bagages, on fut contraint de brûler ces riches dépouilles pour lesquelles les Macédoniens avaient couru jusqu'aux extrémités de la terre. La peste, suite ordinaire de la famine, mit le comble à la misère des soldats, et en fit périr un grand nombre.

Après une marche de soixante jours,

Alexandre arriva sur les confins de la Gédrosie, où il se trouva dans l'abondance de toutes choses; car, outre que le pays est gras par lui-même, le rois et les satrapes les plus voisins de cette contrée lui envoyèrent toutes sortes de provisions. Il fit là quelque séjour pour rafraîchir son armée. Les gouverneurs des Indes lui ayant envoyé par son ordre quantité de chevaux et de toutes sortes de bêtes de charge, de tous les lieux de son obéissance, il remonta sa cavalerie, remit en équipage ceux qui en avaient besoin, et leur donna à tous, bientôt après, des armes aussi belles que les premières, ce qui ne lui fut pas difficile, se trouvant proche de la Perse, qui était alors paisible et dans une grande abondance.

[Av. J.-C. 325.] Il arriva dans la Carmanie, qui porte encore aujourd'hui le nom de *Kerman*, et la traversa, non dans un équipage de guerrier et de conquérant, mais dans une espèce de mascarade et de bacchanale, avec toute sorte de dissolutions. Il était traîné par huit chevaux sur un charriot magnifique, au-dessus duquel on avait dressé un échafaud en forme de théâtre carré, où il passait les jours et les nuits en festins et en débauches. Ce chariot était précédé et suivi d'une infinité d'autres, dont les uns, en forme de tentes, étaient couverts de riches tapis et de couvertures de pourpre; et les autres, en forme de berceaux, étaient ombragés de branches d'arbres. On avait placé sur le bord des chemins et aux portes des maisons force tonneaux défoncés, où les soldats puisaient le vin avec de grands flacons, des tasses, des gobelets, qu'on y avait préparés. Toute la campagne retentissait du son des instrumens et des hurlemens des bacchantes, qui, les cheveux épars et comme forcenées, couraient de côté et d'autre, et s'abandonnaient à toutes sortes de licences. Il voulait par-là imiter le triomphe de Bacchus, qui traversa, à ce qu'on prétend, toute l'Asie, dans cet équipage, après la conquête des Indes. Cette marche si désordonnée et si dissolue dura sept jours, pendant lesquels l'armée ne désenivra point : heureuse, dit Quinte-Curce, qu'il ne vint point dans l'esprit des vaincus de les attaquer dans cet état; car mille hommes bien armés et bien résolus seraient venus fort aisément à bout de ces vainqueurs du monde noyés dans le vin et dans la débauche.

Néarque, en côtoyant toujours les bords de la mer depuis l'embouchure de l'Indus parvint enfin au golfe de Perse, et arriva à l'île d'Armusia, aujourd'hui Ormus. Il y apprit qu'Alexandre n'en était qu'à cinq journées de chemin. Ayant laissé sa flotte en un lieu de sûreté, il alla, lui cinquième, pour le trouver. Le prince était dans une grande inquiétude de ce qu'était devenue son armée de mer. Quand il apprit que Néarque revenait presque seul, il s'imagina qu'elle avait été entièrement détruite, et que, par un bonheur particulier, Néarque s'était sauvé de la déroute générale. Son arrivée le confirma encore davantage dans cette pensée. Il voyait des hommes pâles, maigre, défaits, et à peine reconnaissables. Ayant tiré à part Néarque, il lui témoigna la joie qu'il avait de le voir de retour, mais en même temps la douleur inconsolable que lui causait la perte de sa flotte : *Votre flotte, seigneur*, se récria-t-il aussitôt, *grace aux dieux, n'est point perdue*; et il lui raconta l'état où il l'avait laissée. Alexandre ne put retenir ses larmes, et il avoua que cette heureuse nouvelle lui causait plus de joie que n'avait fait la conquête de toute l'Asie. Il écouta avec un plaisir singulier le récit qu'il lui fit de son voyage et les découvertes qu'il y avait faites, et le renvoya achever de remonter l'Euphrate jusqu'à Babylone, comme il le lui avait d'abord ordonné.

On vient faire en Carmanie à Alexandre bien des plaintes de l'oppression que les gouverneurs et les autres officiers avaient fait souffrir aux peuples de diverses provinces pendant son absence, car, ayant compté qu'il n'en reviendrait jamais, il n'y avait point de rapine, de tyrannie, de cruauté et d'injustice qu'ils n'eussent exercées sur les peuples. Vivement touché des vexations qu'ils avaient souffertes, et sensible jusqu'au fond du cœur à des plaintes si bien fondées, il fit mourir tous ceux qui furent convaincus de malversation, et avec eux six cents soldats qui avaient servi d'instrument à leurs violences et à leurs autres crimes. Il usa toujours, dans la suite, de la même sévérité envers tous ses officiers convaincus d'avoir malversé, et par-là il fit aimer son gouvernement dans toutes les provinces conquises. Il croyait qu'un prince doit cet exemple éclatant à son équité, qui doit réprimer le désordre, à sa gloire, pour ne pas paraître complice des injustices qu'on commet sous son nom; à sa consolation de ses peuples, à qui il prête une vengeance qu'ils ne doivent jamais exercer eux-mêmes; enfin à la sûreté de ses états, à qui une conduite si équitable épargne bien des dangers, et souvent même bien des séditions. C'est un grand malheur pour un royaume, que tout y retentisse de concussions, de vexations, d'oppressions, de corruptions, sans que jamais on y voie un seul exemple de punition; et que tous le poids de l'autorité publique ne tombe que sur le peuple, et jamais sur ceux qui le ruinent.

Le grand plaisir qu'Alexandre prit à la relation que Néarque lui avait faite de son heureux voyage donna à ce prince du goût pour la navigation et pour les voyages de mer. Il ne se proposait pas moins que d'aller, en partant du golfe de Perse, faire le tour de l'Arabie et de l'Afrique, et de rentrer dans la Méditerranée par le détroit de Gibraltar, appelé alors *les Colonnes d'Hercule;* voyage qu'on avait plusieurs fois entrepris, et qui avait été une fois exécuté par ordre d'un roi d'Égypte nommé Néchao, comme je l'ai marqué ailleurs. Puis il songeait, après avoir abaissé l'orgueil de Carthage, contre laquelle il était fort irrité, à passer en Espagne, que les Grecs appelaient Ibérie, du nom du fleuve Ibérus; ensuite il devait franchir les Alpes, et raser toute la côté d'Italie, d'où il n'eût eu qu'un petit trajet jusqu'en Epire, et de là dans la Macédoine. Il envoya, pour cet effet, ordre aux vice-rois de Mésopotamie et de Syrie, de faire construire en plusieurs endroits sur l'Euphrate, et surtout à Thapsaque, le nombre de vaisseaux nécessaire pour cette entreprise; et il fit couper, sur le mont Liban, des arbres qu'on devait transporter dans la ville que je viens de nommer. Mais ce dessein, avec bien d'autres qu'il roulait dans son esprit, échoua par sa mort prématurée.

En continuant son chemin, il passa à Pasargade, ville de Perse. Orxine était le gouverneur du pays. C'était le plus grand seigneur de toutes ces contrées. Il descendait de Cyrus, et, outre les richesses de ses ancêtres, il avait lui-même amassé de grands trésors, étant depuis long-temps maître d'une étendue considérable de pays. Il avait rendu un service considérable au roi. Celui qui commandait dans la province, pendant l'expédition d'Alexandre dans l'Inde, vint à mourir; Orxine, voyant que, faute de gouverneur, tout y allait tomber dans le désordre et dans la confusion, prit le maniement des affaires, les remit en bon ordre, et les y conserva jusqu'à l'arrivée d'Alexandre. Il alla au-devant de lui avec toutes sortes de présens, tant pour lui que pour ses officiers : c'était un grand nombre de beaux chevaux tout dressés, des chariots enrichis d'or et d'argent, des meubles précieux, des pierreries, des vases d'or d'une pesanteur énorme, des robes de pourpre, et quatre mille talens d'argent monnayé. Cette généreuse magnificence lui coûta cher : car, ayant fait des largesses à tous les principaux de la cour au-delà de tout ce qu'ils pouvaient souhaiter, il omit l'eunuque Bagoas, qui était le favori du roi; et ce ne fut point par oubli, mais par mépris; et comme quelqu'un l'eut averti de l'affection que le roi lui portait, il répondit qu'il honorait les amis du roi, mais non pas un infâme eunuque. Cette parole ayant été rapportée à Bagoas, il employa tout son crédit à la ruine de ce prince, issu du plus noble sang de l'Orient, et de qui la vie était sans reproche. Il suborna des hommes de sa suite même, leur donnant des instructions pour se rendre dénonciateurs quand il en serait temps; et cependant, lorsqu'il était seul avec le roi, il lui remplissait l'esprit de soupçons et de défiance, jetant, comme au hazard et sans dessein, des mots couverts contre ce seigneur, et dissimulant avec grand soin le sujets de son mécontentement. Le roi néanmoins suspendait encore son jugement; mais il paraissait ne plus faire tant de cas d'Orxine, qui ne savait rien de ce qui se tramait contre lui, tant l'affaire se conduisait secrètement; et l'eunuque, dans ses entretiens familiers avec Alexandre, ne cessait de l'accuser, tantôt de rapine, et tantôt de trahison.

Le grand danger des princes est de se laisser ainsi prévenir et surprendre par leurs favoris : danger si commun, que saint Bernard, écrivant au pape Eugène, lui déclare que, s'il est exempt de ce défaut, il peut se vanter d'être le seul parmi les hommes; et ce que je dis ici des princes regarde toutes les personnes qui sont en place. Le calomniateur est, pour l'ordinaire, écouté favorablement par les grands, parce qu'il se couvre des apparences d'affection et de zèle qui flattent leur orgueil. La calomnie fait toujours quelque impression sur les esprits les plus équitables, et y laisse des traces sombres et tristes, qui disposent aux soupçons, aux ombrages, aux défiances. Le calomniateur artificieux est persévérant et hardi, parce qu'il est sûr de l'impunité, et pu'il sait qu'il risque peu en nuisant beaucoup. Du côté des grands, ils approfondissent rarement les calomnie secrètes, par paresse, par distraction, par la honte de la bassesse qu'il y a à paraître soupçonneux, timides et défians; enfin par la peine d'avouer qu'ils se sont laissés tromper, et qu'ils se sont livrés à une crédulité précipitée. C'est ainsi que la vertu la plus pure et la fidélité la plus irréprochable sont souvent accablées.

On en voit ici un triste exemple. Bagoas, après avoir bien pris de loin toutes ses mesures, fit enfin éclore son dessein. Alexandre, ayant fait ouvrir le tombeau de Cyrus pour rendre aux cendres de ce conquérant des honneurs funèbres, il n'y trouva qu'un vieux bouclier tout pourri, deux arcs à la façon des Scythes, et un cimeterre; au lieu qu'il croyait le trouver plein d'or et d'argent, comme les Perses en faisaient courir le bruit. Le roi mit une couronne d'or sur son urne, et la couvrit de son manteau, s'étonnant qu'un prince si puissant et si renommé ne fût point enseveli plus somptueusement que si c'eût été un homme d'une condition commune. Sur ces mots, Bagoas, prenant son temps, « Faut-il s'étonner, dit-il, si les sépulcres des rois sont vides, puisque les maisons des satrapes regorgent de l'or qu'ils en ont tiré? Pour moi, je n'avais jamais vu ce tombeau; mais j'ai oui dire à Darius qu'il renfermait des richesses immenses: et de là sont venues ces profusions d'Orxine; afin qu'en donnant ce qu'il ne pouvait garder sans se perdre, il s'en fît un mérite auprès de vous. » Cette accusation n'avait pas le moindre fondement. Cependant on mit à la question les mages à qui la garde du sépulcre était commise, sans qu'on pût rien découvrir du prétendu vol. Leur silence devait faire l'apologie d'Orxine auprès d'Alexandre; mais les discours adroits et insinuans de Bagoas avaient fait une forte impression sur son esprit, et y avaient préparé un accès libre et facile à la calomnie. En effet, les accusateurs que Bagoas avait apostés, ayant choisi un moment farorable, vinrent se déclarer contre lui, et le chargèrent de plusieurs faits odieux, et, entre autres, du vol des trésors du tombeau. Pour lors la chose ne parut plus douteuse, ni avoir besoin de plus grands éclaircissemens: de sorte que cet infortuné prince se vit dans les fers avant qu'il se doutât seulement qu'on l'eût accusé, et il fut mis à mort sans avoir été entendu, ni confronté avec ses accusateurs: déplorable sort des rois, qui n'écoutent ni n'examinent rien par eux-mêmes, et à qui mille exemples d'une pareille trahison, car l'histoire en est pleine, n'ouvrent point les yeux!

J'ai déja dit qu'il y avait auprès du roi un Indien nommé Calanus, célèbre entre tous les sages de son pays, lequel, faisant profession d'une sévère philosophie, s'était néanmoins laissé persuader, dans son extrême vieillesse, de se mettre à la suite de la cour. Cet homme, ayant vécu l'espace de quatre-vingt-trois ans sans avoir jamais été incommodé d'aucune sorte de maladie, et se voyant travaillé d'une rude colique quand il fut arrivé à Pasargade, résolut de se faire mourir. Ne voulant pas souffrir que la parfaite santé dont il avait joui durant tout le cours de sa vie fût altérée par de longues douleurs, et craignant aussi de tomber entre les mains des médecins et d'être tourmenté par la multitude de leurs remèdes, il pria le roi de commander qu'on lui dressât un bûcher, et que, quand il serait dessus, on y mît le feu. Le roi s'imagina d'abord qu'il serait aisé de le détourner d'un si terrible dessein; mais voyant que, quelque chose qu'il lui pût dire, il demeurait ferme et inflexible dans sa résolution, il fut enfin contraint de lui accorder ce qu'il demandait. Calanus se rendit donc à cheval au pied de ce bûcher, fit ses prières aux dieux, fit répandre sur soi les mêmes effusions et observer toutes les mêmes cérémonies dont on a coutume d'user aux funérailles des morts, coupa une touffe de ses cheveux comme on coupait les crins aux victimes, embrassa ceux de ses amis qui étaient présens, les pria de se réjouir ce jour-là, de boire et de faire bonne chère avec Alexandre, et les assura qu'il reverrait dans peu ce prince à Babylone. Après avoir prononcé ces paroles, il monta gaîment sur le bûcher, se coucha, se couvrit le visage; et, quand la flamme vint le saisir, il ne fit pas le moindre mouvement; mais, avec une constance qui étonna toute l'armée, il demeura dans la même posture où il s'était mis, en s'immolant selon la coutume des sages de son pays.

On fit divers jugemens de cette action, dit l'historien. Les uns la condamnèrent, comme l'action d'un homme furieux et insensé : les autres crurent que ce qu'il en avait fait n'était que par vaine gloire, pour se donner en spectacle, et s'acquérir la réputation d'une prodigieuse constance (et ils ne se trompaient pas) : d'autres enfin louèrent cette fausse grandeur de courage, qui l'avait ainsi fait triompher de la douleur et de la mort.

Alexandre, étant retourné chez lui après cette affreuse cérémonie, pria à souper plusieurs de ses amis et de ses capitaines; et, pour obéir à Calanus et lui faire honneur, il proposa une couronne pour prix à celui qui boirait le mieux. Celui qui but le plus fut Promachus, qui avala jusqu'à quatre mesures de vin qui tenaient en tout dix-huit ou vingt pintes. Ayant reçu le prix, qui était une couronne estimée un talent, il ne survécut à sa victoire que de trois jours. Du nombre des autres convives, il y en eut quarante-un qui moururent de cette débauche : digne clôture du spectacle que Calanus venait de donner!

De Pasargade Alexandre alla à Persépolis; et, en voyant les restes de l'incendie, il fut au désespoir de la folie qu'il avait faite d'y mettre le feu. De là il s'avança vers Suse. Néarque, pour exécuter ses ordres, avait commencé à remonter l'Euphrate avec sa flotte; mais, sur l'avis qu'il reçut qu'Alexandre allait à Suse, il redescendit jusqu'à l'embouchure du Pasitigris, et remonta cette rivière jusqu'à un pont où Alexandre la devait passer. L'armée de terre et les troupes de la flotte se rejoignirent. Alexandre offrit à ses dieux des sacrifices en actions de graces pour son heureux retour, et l'on fit dans le camp de grandes réjouissances. Néarque reçut les honneurs qu'il méritait pour avoir si bien conduit sa flotte, et pour l'avoir ramenée jusque-là en bon état au travers d'une infinité de dangers.

Alexandre trouva à Suse toutes les captives de qualité qu'il y avait laissées. Il épousa la princesse Statira, fille aînée de Darius, et donna la plus jeune à son cher Éphestion; et, afin qu'en rendant ces alliances communes on trouvât son mariage moins étrange, il persuada aux plus grands seigneurs de la cour et à ses principaux favoris d'en faire autant. Ils choisirent donc pour femmes, dans les plus nobles familles de Perse, environ quatre vingts filles. Il prétendait, par ces alliances, cimenter si bien l'union des deux nations, qu'elles n'en deviendraient qu'une sous son empire. Les noces furent célébrées à la façon des Perses. Il fit aussi un festin à tous les autres Macédoniens qui s'étaient déjà mariés dans le pays. On dit qu'à ce festin il y eut jusqu'à neuf mille conviés, et qu'il fit donner à chacun une coupe d'or pour faire les libations.

Non content de cette largesse, il voulut acquitter les dettes de ses soldats; mais, comme il vit que plusieurs ne voulaient pas les déclarer, craignant que ce ne fût un artifice pour savoir ceux qui faisaient trop de dépenses, il établit des bureaux dans son camp, où l'on payait sans prendre le nom du créancier ni du débiteur. Cette libéralité fut considérable et causa un sensible plaisir; on dit qu'elle montait à près de dix mille talens; mais la faveur qu'il fit de n'obliger personne à dire son nom fut encore plus agréable. Il fit des reproches aux soldats de ce qu'ils semblaient douter de la foi du prince, et leur dit « qu'un roi ne devait jamais manquer de parole à ses sujets, ni les sujets soupçonner qu'un roi fût capable d'une si honteuse prévarication. Maxime vraiment royale, qui fait la sûreté des peuples et la plus solide gloire des princes, mais à laquelle un seul violement de parole peut donner atteinte pour toujours; ce qui est, en matière de gouvernement, la faute la plus essentielle.

En ce temps aussi arrivèrent à la ville de Suze trente mille jeunes hommes persans, et presque tous de même âge, qu'on appelait *épigones*, c'est-à-dire *successeurs*, comme venant relever les vieux soldats de leurs factions et de leurs longues fatigues. On les avait tous choisis les plus forts et les mieux faits qu'on eût pu trouver dans toute la Perse, et on les avait mis entre les mains des gouverneurs des villes qu'Alexandre avait nouvellement bâties, ou de celles qu'il avait conquises. Ils les avaient dressés aux exercices militaires, leur enseignant tout ce qui était du métier de la guerre, et ils étaient tous proprement vêtus et armés à la macédonienne. Ils vinrent planter leur camp devant la ville, où, s'étant mis en bataille, ils passèrent en revue et firent l'exercice devant le roi, qui en fut très satisfait, et leur fit de grands biens dans la suite; mais ce ne fut pas sans donner une grande jalousie aux Macédoniens. En effet Alexandre, voyant qu'ils étaient las et ennuyés de la longueur de la guerre, et qu'il leur arrivait souvent aux assemblées de s'emporter en plaintes et en murmures, voulut faire ces nouvelles troupes pour les opposer aux vieilles et réprimer leur licence. Il est bien dangereux de mécontenter toute une nation, et de donner une préférence trop marquée à des étrangers.

Cependant Hapalus, qu'Alexandre, pendant son expédition des Indes, avait établi gouverneur de Babylone, quitta son service. Se flattant que ce prince, engagé dans la conquête des Indes, n'en reviendrait jamais, il s'était abandonné à toute sortes de licences, et avait consumé dans ses infâmes débauches une partie des richesses qui lui avaient été confiées. Quand il eut appris qu'Alexandre, revenu de son voyage des Indes, châtiait sévèrement ses lieutenans qui avaient abusé de leur pouvoir, il songea à se mettre à couvert, et, pour cet effet, il ramassa cinq mille talens, c'est-à-dire quinze millions, assembla six mille hommes de guerre, se retira dans l'Attique, et aborda à Athènes. D'abord tous ceux qui avaient coutume de s'enrichir de leur métier d'orateur coururent à lui à l'envie, tout prêts à se laisser corrompre, et déja corrompus par l'espérance. Harpalus ne manqua pas de leur donner quelque petite partie de ces grands trésors pour les amorcer; mais il fit offrir à Phocion sept cents talens, mettant d'ailleurs tous ses autres biens et sa personne même en sa disposition et sous sa sauve-garde. Il connaissait le crédit infini qu'il avait auprès du peuple.

C'était la réputation de sa probité, et surtout de son désintéressement, qui lui avait acquis ce crédit. Les députés de Philippe lui offrant de grosses sommes de la part de ce prince, et le pressant de les accepter, sinon pour lui-même, du moins pour ses enfans, que leur extrême pauvreté mettrait hors d'état de soutenir la gloire de son nom, « S'ils me ressemblent, répliqua-t-il, le petit fonds de terre dont j'ai vécu jusqu'ici, et qui m'a conduit à cette gloire dont vous parlez, leur suffira aussi pour les nourrir; sinon, je ne prétends point, par les biens que je leur laisserais, entretenir et augmenter leur luxe. »

Alexandre de même lui ayant envoyé cent talens, Phocion demanda à ceux qui étaient chargés de cette commission pour quelle raison et dans quelle vue Alexandre le choisissait lui seul, parmi un si grand nombre d'Athéniens, pour lui envoyer une si grosse somme. « C'est, lui répondirent-ils, qu'Alexandre vous juge seul homme de bien et vertueux. Qu'il me laisse donc, repartit Phocion, passer pour tel, et l'être en effet. »

On juge bien qu'il ne reçut pas mieux les députés d'Harpalus. Il leur parla très durement, et leur déclara qu'il allait prendre des mesures très violentes contre lui, s'il ne cessait de corrompre sa ville. Harpalus perdit toute espérance de ce côté-là.

Démosthène, au commencement, ne lui fut pas plus favorable. Il conseilla aux Athéniens de le renvoyer, et de se donner bien de garde de jeter leur ville dans une guerre pour un sujet très injuste et sans aucune nécessité.

Quelques jours après, Harpalus, comme on faisait l'inventaire de ses biens, s'étant aperçu que Démosthène prenait plaisir à considérer une coupe du roi, et qu'il en admirait la figure et la beauté de l'ouvrage, il le pria de la soupeser pour juger lui-même du poids de l'or. Démosthène, l'ayant prise, fut étonné du poids, qui était considérable, et demanda « combien elle pesait. » Harpalus lui répondit en souriant : « Elle peut bien être de vingt talens : » et, le soir même, il lui envoya vingt talens avec la coupe; car Harpalus avait une sagacité merveilleuse pour découvrir à la mine, et à certain coup d'œil, le faible d'un homme épris de l'amour de l'or. Démosthène ne résista point; mais, vaincu par ce présent, et n'étant plus maître de lui, il passa tout d'un coup dans le parti d'Harpalus; et, dès le lendemain matin, le cou bien enveloppé de laines et de bandelettes, il se rendit à l'assemblée. Le peuple lui ordonna de se lever et de parler; mais il le refusa, faisant signe qu'il avait une extinction de voix. Quelques plaisans dirent tout haut que leur orateur avait été surpris la nuit, non d'une *esquinancie*, mais d'une *argyrancie*, pour faire entendre que c'était l'argent d'Harpalus qui lui avait éteint la voix.

Le lendemain le peuple, ayant été informé du présent qu'il avait reçu, entra dans une grande colère contre lui, et refusa d'écouter sa justification. Harpalus fut chassé de la ville; et, pour découvrir ceux qui avaient reçu de l'argent, on fit une visite juridique dans toutes les maisons, excepté dans celle de Cariclès, marié depuis peu, qui seule fut exceptée de cette recherche, par respect pour la nouvelle épouse qui y était. Cette attention et cette honnêteté font honneur à Athènes, et ne sont pas toujours observées.

Démosthène, pour prouver son innocence, proposa un décret qui ordonnait que le sénat de l'Aréopage informerait de cette affaire. Il y fut jugé le premier, et condamné comme coupable à une amende de cinquante talens, pour le paiement desquels il fut mis en prison. Mais il trouva le moyen de s'en échapper, et se retira. Il supporta son exil avec beaucoup de faiblesse, passant la plupart du temps à Égine ou à Trézène; et, toutes les fois qu'il jetait ses regards sur l'Attique, son visage était baigné de larmes, et il laissait échapper des paroles qui n'était point d'un homme constant et ferme, et qui répondaient peu aux choses hardies et généreuses qu'il avait faites pendant son administration. On a reproché à Cicéron la même faiblesse pendant son exil : ce qui marque que les grands hommes ne le sont pas, ni toujours, ni en tout.

Il serait à souhaiter, pour l'honneur de l'éloquence, que ce que rapporte Pausanias pour la justification de Démosthène fût vrai, et rien n'empêche de le croire. Il dit qu'Harpalus, après s'être sauvé d'Athènes, tomba entre les mains de Philoxène de Macédoine; et que, dans la question qu'on lui donna pour nommer ceux des Athéniens qui s'étaient laissé corrompre par ses présens, il ne fit aucune mention de Démosthène : et il ne l'aurait pas ménagé devant Philoxène, ennemi particulier de cet orateur, s'il avait été coupable.

Sur le premier bruit de la retraite d'Harpalus à Athènes, Alexandre, résolu d'aller lui-même en personne punir et Harpalus et les Athéniens, avait donné ordre d'équiper une flotte. Mais, quand il sut que le peuple, s'étant assemblé, lui avait fait commandement de sortir de la ville, il ne songea plus à passer en Europe.

Alexandre, ayant eu encore la curiosité

de voir l'Océan, descendit de Suse par le fleuve Eulée, et, après avoir rasé la côte du golfe Persique jusqu'à l'embouchure du Tigre, il remonta par ce dernier fleuve vers l'armée, qui campait sur ses bords, près de la ville d'Opis, sous la conduite d'Éphestion.

En y arrivant, il fit déclarer dans le camp que tous les Macédoniens qui, à cause de leur âge, de leurs blessures, ou de quelque autre infirmité, se trouveraient hors d'état de supporter plus long-temps la fatigue du service, pourraient s'en retourner en Grèce, déclarant que son intentionétait de leur accorder leur congé, de leur faire du bien, et de les renvoyer honorablement et sûrement chez eux. Il avait prétendu par cette déclaration les obliger et leur marquer sa bonne volonté. Tout le contraire arriva. Comme ils étaient mécontens d'ailleurs, surtout à cause de la préférence visible qu'Alexandre donnait aux étrangers, ils s'imaginèrent qu'il voulait établir le siège de son empire dans l'Asie et se passer des Macédoniens, et qu'il ne les congédiait que pour faire place aux nouvelles troupes qu'il avait levées dans les pays conquis. Il n'en fallut pas davantage pour les mettre en fureur. Sans garder aucune mesure ni aucune discipline, et sans vouloir écouter les remontrances de leurs officiers, ils abordent le roi avec insolence, ce qu'ils n'avaient jamais fait, et demandaient, avec des cris séditieux, qu'il les licencie tous : que, puisqu'il méprisait ses soldats, qui lui avaient fait remporter toutes ses victoires, lui et son père Ammon n'avait qu'à faire la guerre comme ils l'entendraient; que, pour eux, ils ne voulaient plus absolument le servir.

Le roi, sans s'étonner et sans délibérer, saute en bas de son tribunal, fait prendre sur l'heure les principaux mutins, qu'il désigna lui-même à ses gardes, et en envoie treize au supplice. On peut dire que cette action de vigueur et d'autorité, dont ils furent frappés comme d'un coup de tonnerre, les atterra et les accabla. Tous hors d'eux-mêmes, et n'osant se regarder les uns les autres, ils tenaient les yeux baissés, et étaient dans un saisissement et dans un tremblement qui ne leur laissait l'usage ni de la réflexion ni de la parole.

Quand il les vit en cet état, il remonta sur son tribunal; et là, après leur avoir représenté, avec un visage sévère et d'un ton de voix menaçant, tous les bienfaits dont Philippe son père les avait comblés, toutes les marques de bonté et d'amitié que lui-même leur avaient données, il finit en leur disant : « Vous me demandez tous votre congé; je vous le donne. Allez publier, par toute la terre, que vous avez abandonné votre prince à la merci des nations qu'il avait vaincues, qui lui ont témoigné plus d'affection que vous. » Après leur avoir ainsi parlé, il rentre brusquement dans sa tente, casse son ancienne garde, en nomme une autre à sa place, toute tirée des troupes persanes, et se tient renfermé quelques jours sans vouloir écouter personne.

Quand on aurait prononcé un arrêt de mort contre chacun des Macédoniens, ils n'auraient pas été plus consternés qu'ils le furent par cette affligeante nouvelle, que le roi avait confié la garde de sa personne aux Perses. Ils ne purent plus contenir leur douleur. Ce ne furent que cris, que gémissemens, que plaintes. Ils accourent tous ensemble à la tente du roi, jettent leurs armes par terre se reconnaissant par là coupables, avouent leur faute avec larmes et soupirs, marquent que la perte de la vie leur sera moins sensible que celle de l'honneur, et protestent qu'ils ne sortiront pas de là que le roi ne leur ait pardonné. Alexandre ne put résister plus longtemps à des témoignages si touchans de douleur et de repentir. Quand, au sortir de sa tente, il les vit dans cet état, il ne put lui-même retenir ses larmes; et, après quelques légers reproches, tempérés par un air de bonté et de tendresse, il dit d'un ton fort haut pour se faire entendre de tous, qu'il leur rendait son amitié. C'était leur rendre la vie; et leurs cris de joie le témoignaient assez.

Il congédia ensuite ceux des Macédoniens qui n'étaient plus propres à porter les armes, et les renvoya dans leur patrie avec de riches présens. Il donna ordre aussi qu'aux spectacles des jeux publics on leur assignât les premières places du théâtre, où ils seraient assis couronnés; et il voulut que les enfans de ceux qui étaient morts à son service reçussent la paie de leurs pères pendant leur bas âge. Combien de tels secours et de tels honneurs, accordés aux anciens et aux vétérans, sont-ils capables d'ennoblir la profession militaire! Un état ne peut pas enrichir chaque soldat, mais il peut l'animer et le consoler par des marques de distinction, qui inspirent plus d'ardeur pour les armes, plus de constance dans le service, plus de noblesse dans les sentimens et dans les motifs.

Alexandre donna à ces soldats pour conducteur Cratère, qu'il pourvut du gouvernement de la Macédoine, de la Thessalie et de la Thrace, qu'avait Antipater, et celui-ci eut ordre de venir avec les recrues en la place de Cratère. Il y avait longtemps qu'Alexandre était fatigué des plaintes de sa mère et d'Antipater, qui ne pouvaient s'accorder. Elle accusait Antipater d'aspirer à la tyrannie; et l'autre se plaignait de l'humeur aigre et intraitable d'Olympias, et avait souvent écrit qu'elle ne se conduisait pas dans toute la bienséance de sa dignité. Ce ne fut pas sans peine qu'Antipater se vit contraint de quitter son gouvernement.

[Av. J.-C. 324.] D'Opis Alexandre arriva à Ecbatane, dans la Médie. Après y avoir expédié les affaires du royaume les plus pressées, il se mit encore à célébrer des jeux et des fêtes : il lui était venu de Grèce trois mille baladins, machinistes et autres bons ouvriers pour ces sortes de divertissemens. Il arriva malheureusement, pendant la célébration de ces fêtes, qu'Éphestion mourut d'une maladie que lui-même s'était attirée. Alexandre s'étant livré aux excès du vin, toute sa cour suivait son exemple, et quelquefois ils passaient plusieurs jours et plusieurs nuits entières dans ces débauches. Éphestion y perdit la vie. C'était l'ami le plus intime du roi, le confident de tous ses secrets, et, pour dire, en un mot, un autre lui-même. Cratère seul semblait pouvoir le lui disputer. Un mot qui échappa un jour au prince marque la différence qu'il mettait entre ces deux courtisans. « Cratère, dit-il, aime le roi ; mais Éphestion aime Alexandre. » Ce mot signifie, si je ne me trompe, qu'Ephestion était attaché d'une manière tendre et affectueuse à la personne d'Alexandre ; mais que Cratère l'aimait comme roi ; c'est-à-dire s'intéressait à sa réputation, et avait quelquefois moins de complaisance pour ses volontés que de zèle pour sa gloire et pour ses intérêts. Excellent, mais rare caractère !

Éphestion n'était pas moins aimé de tous les autres que du roi même. Modeste, égal, bienfaisant, sans orgueil, sans avidité, sans jalousie, il ne savait ce que c'était que d'abuser de son crédit, ou de se préférer aux officiers que leur mérite rendait nécessaire à son maître. Il fut regretté de tout le monde ; mais sa perte causa à Alexandre une douleur excessive, à laquelle il se livra d'une manière peu convenable à un prince comme lui. Il parut ne trouver de consolation que dans les honneurs extraordinaires qu'il fit rendre à son ami quand il fut arrivé à Babylone, où il chargea Perdiccas de faire porter son corps.

Pour éloigner par l'occupation les tristes idées que la mort de son favori lui mettait continuellement devant les yeux, Alexandre mena son armée contre les Cosséens, nation belliqueuse des montagnes de Médie, que jamais aucun des rois de Perse n'avait pu dompter. Il en vint à bout en quarante jours, passa ensuite le Tigre, et prit la route de Babylone.

§ XVIII. Alexandre étant arrivé à une lieue et demie de Babylone, les Chaldéens, qui se piquaient de connaître l'avenir par l'inspection des astres, députèrent vers lui quelques-uns de leurs anciens pour l'avertir qu'il courait grand risque de sa vie s'il entrait dans la ville, et l'exhortèrent vivement à passer outre. La grande réputation des astrologues babyloniens fit une étrange impression sur son esprit, et le remplit de trouble et de frayeur. Ayant envoyé plusieurs des grands seigneurs de sa cour à Babylone, pour lui il prit une autre route; et, après avoir fait environ dix lieues de chemin, il s'arrêta quelque temps au lieu où il avait fait camper son armée. Les philosophes grecs, ayant su le fondement de sa crainte et de ses scrupules, allèrent le trouver; et, mettant dans tout leur jour les principes d'Anaxagore, dont ils suivaient les dogmes, ils lui démontrèrent par de fortes preuves la vanité de l'art des astrologues, et lui inspirèrent un tel mépris pour toute divination, et surtout pour celle dont usaient les Chaldéens, que sur-le-champ il marcha vers Babylone avec toute son armée. Il savait qu'il était venu dans cette ville des ambassadeurs de tous les pays du monde qui attendaient sa venue, toute la terre étant si remplie de la terreur de son nom, que les peuples venaient à l'envi lui rendre leurs hommages, comme à celui qui devait être leur maître. Cette vue, qui flattait agréablement la plus vive de toutes ses passions, aida beaucoup à étouffer en lui toute autre pensée, et à lui faire négliger tous les avis qu'on lui donnait; de sorte qu'il se hâta d'arriver à cette grande ville pour y tenir comme les états-généraux de l'univers. Après une superbe entrée, il donna audience à tous les ambassadeurs avec la dignité et tout l'air de noblesse qui convient à un grand roi, et en même temps avec l'affabilité et les manières d'un prince qui veut s'attacher les cœurs. Il chargea ceux d'Épidaure de présens pour le dieu qui préside à leur ville et qui préside aussi à la santé, mais avec quelques reproches. « Esculape, dit-il, m'a été peu favorable, de n'avoir pas sauvé la vie à un ami que j'aimais comme moi-même. » Il témoigna en particulier beaucoup d'amitié aux députés de la Grèce qui venaient le féliciter sur ses victoires et sur son heureux retour; et il leur fit rendre toutes les statues et les autres raretés que Xerxès avait emportées de la Grèce, qui se trouvèrent dans Suse, dans Babylone, dans Pasargade, et en d'autres endroits. On dit que les statues d'Harmodius et d'Aristogiton étaient de ce nombre, et qu'elles furent transportées à Athènes.

Ceux de Corinthe lui ayant offert de la part de leur ville le droit de bourgeoisie, il se mit à rire d'une offre qui lui paraissait infiniment au-dessous de lui dans ce souverain degré de grandeur et de puissance où il était parvenu. Mais quand il eut appris que Corinthe n'avait accordé ce privilège qu'à Hercule seul, il l'accapta avec joie, se piquant de marcher sur ses traces, et de lui ressembler en tout. Mais, s'écrie Sénèque, en quoi ce jeune insensé, à qui son heureuse témérité tenait lieu de courage, ressemblait-il à Hercule? Celui-ci, sans aucune vue d'intérêt pour lui-même, parcourut le monde en faisant du bien aux peuples chez qui il passait, et purgeant l'univers des voleurs qui l'infestaient. Au contraire,

Alexandre, appelé justement le brigand des nations, mit sa gloire à porter partout la désolation et se rendre la terreur de tous les mortels.

Il écrivit en même temps une lettre qui devait être lue publiquement dans l'assemblé des jeux olympiques, par laquelle il ordonnait à toutes les villes de la Grèce de rétablir les exilés, hors ceux qui étaient coupables de sacrilège ou de quelque crime digne de mort; et il chargeait Antipater d'employer la force des armes contre les villes qui refuseraient d'obéir. Cette lettre fut lue dans l'assemblée. Les Athéniens et les Étoliens ne se crurent point obligés d'exécuter des ordres qui leur semblaient contraires à leur liberté.

Alexandre, après tous ces soins, se trouvant de loisir, songea aux funérailles d'Éphestion. Il les célébra avec une somptuosité qui passe tout ce qu'on a jamais vu dans ce genre. Occupé du soin de cette pompe funèbre, il ordonna à toutes les villes voisines de contribuer de tout leur pouvoir à ce qui pourrait en relever la magnificence. Il commanda aussi à tous les peuples de l'Asie d'éteindre le feu que les Perses appellent le feu sacré, jusqu'à ce que la cérémonie des funérailles fût achevée; ce qui fut pris à mauvaise augure, parce que cela ne se pratiquait en Perse qu'à la mort des rois. Tous les officiers et tous les courtisans, dans la vue de plaire au prince, firent dresser des représentations de ce favori, d'or, d'ivoire, et d'autres matières de grand prix.

Pendant ce temps-là le roi, ayant assemblé un grand nombre d'architectes et d'habiles ouvriers, fit d'abord abattre environ dix stades* du mur de Babylone; et, ayant fait amasser de la brique, et fait aplanir le terrain qui devait contenir le bûcher, il y fit élever un catafalque superbe.

Cette place fut distribuée en trente parties, dans chacune desquelles fut construit un bâtiment uniforme, dont il fit couvrir le toit de grosses pièces de bois de palmier. Le tout ensemble formait un carré parfait, décoré dans son pourtour avec une magnificence extraordinaire. Chaque côté était d'un stade, c'est-à-dire de cent toises. Au bas et au premier rang

* Ils font une demi-lieue.

furent employées deux cent quarante-quatre proues de vaisseaux dorées, portant sur leurs oreilles* ou arcs-boutans deux archers, un genou en terre, figures hautes de quatre coudées**; deux autres statues en pied, armées de toutes pièces, figures plus grandes que nature, et hautes de cinq coudées***. Les vides d'entre les proues étaient tendus et garnis de draps de couleur pourpre. Au-dessous de ces proues régnait une colonnade de grandes torches, dont les fûts étaient de quinze coudées**** de hauteur, garnies de couronnes d'or à la poignée, c'est-à-dire à l'endroit par où on les prend. La flamme de ces torches, aboutissant au haut, se terminait vers les aigles qui, tête baissée et ailes déployées, servaient de chapiteau. Des dragons posés près de la base, ou sur la base même, levaient la tête vers les aigles. Cette colonnade était surmontée d'une troisième, dans la base de laquelle on voyait en relief une chasse d'a-

* Oreilles, sont deux pièces de bois en saillie à droite et à gauche de la proue.

** Six pieds.

*** Sept pieds et demi.

**** Vingt-deux pieds et demi.

nimaux de toute espèce. A l'ordre supérieur, c'est-à-dire au quatrième on avait représenté en or les combats des Centaures. Enfin, le cinquième était chargé de figures d'or, représentant des lions et des taureaux alternativement placés. Tout l'édifice se terminait par des trophées d'armes, à la manière des Macédoniens et des Barbares, symboles de la victoire des premiers et de la défaite des autres. Les entablemens et le faîtage étaient chargés de sirènes, dont les corps vides et creux renfermaient, sans qu'on s'en aperçût, les musiciens qui chantaient des airs lugubres et des lamentations en l'honneur du mort. Tout cet édifice avait de hauteur plus de cent trente coudées, c'est-à-dire plus de cent quatre-vingt-quinze pieds.

La beauté du dessin de ce catafalque, la singularité et la magnificence des décorations et de tous les ornemens, passaient tout ce qu'on peut s'imaginer de plus accompli, et étaient d'un goût exquis. Il avait choisi pour entrepreneur Stasicrate, grand architecte et grand machiniste, qui dans toutes ses inventions et dans tous ses desseins faisait paraître non-seulement beaucoup de magnificence, mais une hardiesse surprenante et une grandeur dont rien n'approchait.

C'était le même qui, s'entretenant avec lui quelque temps auparavant, lui avait dit que, de toutes les montagnes qu'il connaissait, le mont Athos dans la Thrace était le plus propre à être taillé en forme humaine : que, s'il voulait donc lui en donner l'ordre, il lui ferait de ce mont la plus durable des statues, et celle qui serait la plus exposée aux yeux de l'univers ; de sa main gauche elle soutiendrait une ville peuplée de dix mille habitans, et de sa droite elle verserait un grand fleuve qui irait porter ses eaux dans la mer. Cette proposition était bien, ce semble, du goût d'Alexandre, qui cherchait en tout le grand, l'extraordinaire; il la rejeta néanmoins, et il eut la sagesse de répondre que c'était assez qu'il y eût déja un prince dont le mont Athos annonçât et éternisât la folie. (Il entendait Xerxès, qui, ayant entrepris de faire percer l'isthme d'Athos, écrivit à cette montagne une lettre pleine d'un faste insensé*.) « Pour moi, dit Alexan-

* Superbe Athos, qui portes ta tête jusqu'au ciel, ne sois pas si hardi que d'opposer à mes

dre, le mont Caucase, le fleuve Tanaïs*, mer Caspienne, que j'ai passés en vainqueur, seront mes monumens.

La dépense du superbe tombeau que ce prince fit bâtir à l'honneur d'Éphestion, jointe à celle de toute la pompe funèbre, monta à plus de douze mille talens, c'est-à-dire plus de trente-six millions. Y eut-il jamais une profusion plus folle et plus outrée? Tout cet or, tout cet argent, c'était le sang des peuples et la substance des provinces, dont on sacrifiait la ruine et l'épuisement à une vaine ostentation.

Pour satisfaire pleinement le zèle d'Alexandre à l'égard de son ami, il manquait aux honneurs qu'il lui faisait rendre quelque chose qui les élevât au-dessus de l'humain, et c'est ce qu'il se proposait. Il avait envoyé, dans cette vue, au temple d'Ammon un homme affidé (il s'appelait Philippe) pour savoir la volonté du dieu : elle se régla sans doute sur celle d'Alexandre; et la réponse fut qu'on pouvait offrir des sacrifices à Éphestion comme à un demi-dieu.

travailleurs des pierres et des rochers qu'ils ne puissent couper; autrement je te couperai toi-même en entier, et te précipiterai dans la mer.

* Il faut entendre par ce mot l'Iaxarte.

Ils ne furent point épargnés. Alexandre le premier en donna l'exemple, et fit un magnifique repas où il se trouva plus de dix mille personnes. Il écrivit en même temps à Cléomène, gouverneur de l'Egypte, de bâtir un temple à Ephestion dans Alexandrie, et un autre dans l'île de Pharos. Dans cette lettre, que l'on a encore, pour exciter sa diligence et hâter l'ouvrage il accorda à ce gouverneur, décrié généralement pour ses injustices et ses concussions, un pardon universel de ses fautes passées, présentes et à venir, pourvu qu'à son retour il trouvât et le temple et la ville achevés. Ce ne furent de tous côtés que nouveaux autels, nouveaux temples, nouvelles fêtes. On ne prêta presque plus serment qu'au nom du nouveau dieu. Douter de sa divinité était un crime capital : il pensa en coûter la vie à un ancien officier ami d'Éphestion, qui en passant devant son tombeau, l'avait pleuré comme mort; et il n'obtint sa grace que parce qu'on fit entendre à Alexandre que, si cet officier avait pleuré, ce n'était point qu'il doutât de la divinité d'Éphestion, mais que c'était un reste de tendresse. Je ne sais si Alexandre vint à bout de faire croire à qui que ce fût la divinité d'Éphestion : mais il paraissait lui-même, ou du moins voulait paraître, en être réellement persuadé ; et il se glorifiait non-seulement d'avoir un dieu pour père, mais de faire lui-même des dieux. Quel jeu !

Pendant près d'un an qu'Alexandre passa à Babylone, il roula plusieurs projets dans sa tête : le tour de l'Afrique par mer, la découverte complète de toutes les nations qui sont autour de la mer Caspienne et celle des côtes de cette mer, la conquête de l'Arabie, la guerre contre Carthage, le dessein de se rendre maître du reste de l'Europe. La seule idée de repos le fatiguait. Il fallait toujours une nouvelle pâture à la vivacité de son imagination, aussi bien qu'à celle de son ambition ; et s'il avait pu conquérir le monde entier, il en aurait cherché un nouveau pour satisfaire l'avidité de ses desirs.

Il s'occupa beaucoup aussi du dessein d'embellir Babylone. Voyant qu'elle surpassait en grandeur, en commodité, et en tout ce qu'on peut desirer pour la nécessité ou le plaisir de la vie, toutes les autres villes de l'Orient, il résolut d'en faire le siège de son empire ; et pour cela il voulait y ajouter toutes les commodités et tous les ornemens qu'elle était capable de recevoir.

Cette ville, aussi bien que le pays d'alentour, avait beaucoup souffert de la rupture des digues de l'Euphrate à la tête du canal qu'on nommait Pallacopa. Le fleuve, étant sorti de son lit ordinaire par cette ouverture, inonda tout le pays, et, à force de couler par cet endroit, la brêche devint si large, que, pour la réparer, il aurait fallu faire presque autant de frais qu'en avait coûté la construction de la digue : il resta même si peu d'eau dans le lit de la rivière à Babylone, qu'à peine suffisait-elle à porter quelques petites barques; ce qui fut un surcroît de dommage pour cette ville.

Alexandre entreprit de remédier à cet inconvénient ; et pour cet effet il se transporta lui-même sur les lieux en s'embarquant sur l'Euphrate. Ce fut alors que, d'un ton railleur et insultant, il reprocha aux mages et aux Chaldéens qui l'accompagnaient la vanité de leurs prédictions, puisque, malgré tous les mauvais augures dont on avait essayé de l'épouvanter, comme si l'on avait eu affaire à une femme crédule, il était entré dans Babylone et en était sorti sain et sauf. Uniquement attentif pour lors à l'objet de son voyage, il visita l'endroit où la digue était rompue, et ordonna d'y faire les ouvrages nécessaires pour la rétablir dans son premier état.

Le dessein d'Alexandre était fort louable : ce sont là de ces entreprises qui sont véritablement dignes de grands princes, et qui font un honneur éternel à leur nom, parce qu'elles ne sont point l'effet d'une folle vanité, mais qu'elles ont pour unique but le bien public. Par-là il eût gagné une province tout entière que cette inondation avait submergée; et il eût rendu la rivière plus navigable, et par conséquent beaucoup plus utile aux Babyloniens, en la faisant toute passer dans son lit comme elle faisait autrefois.

Ce travail, après avoir été poussé l'espace de trente stades (une lieue et demie), fut arrêté par des difficultés qui venaient de la nature du terrain; et la mort de ce prince, qui arriva bientôt après, mit fin à ce projet, comme à bien d'autres qu'il avait formés. Une cause supérieure, inconnue aux hommes, en empêcha l'exécution. Le véritable obstacle au succès était l'anathème de Dieu, prononcé contre cette ville impie, anathème qu'aucune puissance ne pouvait ni détourner ni retarder. Je perdrai le nom de Babylone, avait dit et juré le Seigneur des armées plus de trois cents ans auparavant; je la rendrai la demeure des hérissons : je la réduirai à des marais d'eaux bourbeuses... et les pasteurs n'y viendront point pour s'y reposer. Le ciel et la terre auraient plutôt passé, que le dessein d'Alexandre eût été exécuté. Il fallait que Babylone n'eût plus de rivière, que ses environs fussent inondés et convertis en marais inhabitables, qu'on n'en pût approcher à cause du limon et de la boue, et que la ville de Babylone et les campagnes voisines demeurassent sous des eaux mortes qui en rendissent l'accès impraticable *. C'est l'état où elle est aujourd'hui, et tout devait se disposer à l'y réduire pour l'accomplissement parfait de la prophétie : C'est le Seigneur des armées

* Voyez ce qui en est dit dans l'Histoire de Cyrus.

qui l'a ordonné avec serment : qui pourra s'y opposer? Rien ne marque plus clairement le poids de cette malédiction invincible, que les efforts du plus puissant prince qui fut jamais, et le plus opiniâtre dans ses projets, qui n'avait été arrêté dans aucune de ses entreprises, et qui n'est arrêté que dans celle-ci, et pour la première fois, quoiqu'elle parût moins difficile.

Un autre projet d'Alexandre, et celui qu'il avait le plus à cœur, était de réparer le temple de Bélus. Xerxès l'avait démoli à son retour de Grèce; et il était toujours demeuré en ruines depuis ce temps-là. Alexandre voulait non-seulement le rebâtir, mais même en faire un beaucoup plus magnifique que le premier. Il fit emporter tous les décombres; et, trouvant que les mages, à qui il avait commis le soin de cet ouvrage, le faisaient trop lentement, il y employa ses troupes. Quoique dix mille hommes y travaillassent tous les jours pendant deux mois, lorsque ce prince mourut l'ouvrage n'était pas encore achevé, et il demeura imparfait, tant les ruines de cet édifice étaient considérables. Quand le tour des Juifs qui servaient dans son armée fut venu pour y travailler comme les autres, on ne put jamais les engager à y mettre la main. Ils représentèrent que, leur religion défendant l'idolâtrie, il ne leur était pas permis de rien faire au bâtiment d'un temple destiné à un culte idolâtre; et pas un ne se démentit. On employa inutilement la violence et les punitions pour les y obliger. Alexandre admira leur constance, leur accorda leur congé, et les renvoya chez eux. Cette délicatesse des Juifs est une leçon pour bien des chrétiens, qui leur apprend qu'il ne leur est point permis de prendre aucune part ni de coopérer à rien qui soit contraire à la loi de Dieu.

On ne peut s'empêcher ici d'admirer la conduite de la Providence. Dieu avait brisé par la main de Cyrus, son serviteur, l'idole de Bélus, le dieu rival du Seigneur d'Israël : il démolit ensuite son temple par Xerxès. Ces premiers coups de la main du Tout-Puissant sur Babylone annonçaient la ruine que la ville devait attendre pour elle-même : et il n'était pas plus possible à Alexandre de réussir à relever ce temple, qu'à Julien dans la suite de rétablir celui de Jérusalem.

Malgré tout ce que je viens de dire des occupations d'Alexandre pendant son séjour à Babylone, la plus grande partie de son temps fut employée à jouir des plaisirs que cette ville lui fournissait ; et il paraît que le principal but, tant de ses travaux que de ses divertissemens, était de s'étourdir lui-même, et d'écarter de son esprit les tristes et affligeantes pensées d'une mort prochaine, dont il était menacé par toutes les prédictions des mages et des autres devins : car, quoique dans de certains momens il eût paru ne faire aucun cas de tous les avis qu'on lui donnait, il en était néanmoins sérieusement occupé en lui-même, et ses pensées lugubres lui revenaient sans cesse dans l'esprit. Elles lui causaient un tel effroi et un tel trouble, que de la plus petite chose qui arrivait, pour peu qu'elle parût extraordinaire ou étrange, il en faisait d'abord un monstre, et en tirait un présage sinistre. Le palais était plein de gens qui sacrifiaient, d'autres qui faisaient des expiations et des purifications, d'autres enfin qui se vantaient de pénétrer dans l'avenir et de prédire ce qui devait arriver. C'est un spectacle digne certainement d'attention, de voir un prince, la terreur de l'univers, livré lui-même aux dernières frayeurs : tant il est vrai, dit Plutarque, que, si c'est un grand malheur que le mépris des dieux et l'incrédulité, qui porte à ne rien croire ni à ne rien craindre, la superstition aussi, qui asservit les ames aux plus basses craintes et aux plus ridicules folies, est un autre malheur non moins funeste et non moins redoutable! Il est manifeste que Dieu, par un juste jugement, a pris plaisir à dégrader, à la face de tout l'univers et de tous les siècles, et à rabaisser au-dessous du commun des hommes celui qui avait affecté de se mettre au-dessus de la nature humaine et de s'égaler à la Divinité. Ce prince avait cherché dans toutes ses actions la vaine gloire des conquêtes, que les hommes admirent le plus et à laquelle ils attachent plus qu'à tout le reste l'idée de grandeur; et Dieu le livre à une ridicule superstition, que les hommes de bon sens et de bon esprit méprisent le plus, et où en effet il y a le plus de petitesse, de bassesse et de faiblesse.

Alexandre célébrait donc toujours de nouvelles fêtes et était toujours dans les festins, où il s'abandonnait sans réserve à son intempérance pour le vin. Après une nuit passée entièrement dans la débauche, on lui avait proposé une nouvelle partie. Il s'y trouva vingt convives: il but la santé de chacune des personnes de la compagnie, et fit ensuite raison à tous les vingt l'un après l'autre. Après tout cela, se faisant encore apporter la coupe d'Hercule, qui tenait six bouteilles, il la but toute pleine, en la portant à un Macédonien de la compagnie nommée Protéas; et un peu après il lui fit encore raison de cette énorme rasade. Dès qu'il l'eut bue, il tomba sur le carreau. Voilà donc, s'écrie Sénèque en marquant les funestes effets de l'ivrognerie, ce héros invincible à toutes les fatigues des voyages, à tous les dangers des sièges et des combats, aux plus violens excès de la chaleur et du froid, le voilà vaincu par son intempérance, et terrassé par cette fatale coupe d'Hercule.

Dans cet état, une violente fièvre le saisit, et on le transporta chez lui à demi mort. La fièvre ne le quitta point, mais lui laissait de bons intervalles, pendant lesquels il donna les ordres nécessaires pour le départ de la flotte et de l'armée, comptant sur une prompte guérison. Enfin, quand il se vit sans espérance, et que la voix commençait à lui manquer, il tira son anneau du doigt et le donna à Perdiccas, lui commandant de faire porter son corps au temple d'Ammon.

Quelque faible qu'il fût, il fit un effort, et, se soutenant sur le coude, il donna sa main mourante à baiser à ses soldats, à qui il ne put refuser cette dernière marque d'amitié. Puis, comme les grands de la cour lui demandèrent à qui il laissait l'empire, il répondit : *Au plus digne*; ajoutant qu'il prévoyait que sur ce différend on lui préparerait d'étranges jeux funèbres. Et Perdiccas lui ayant demandé quand il voulait qu'on lui rendît les honneurs divin, *Lors*, dit-il, *que vous serez heureux*. Ce furent ses dernières paroles, et bientôt après il rendit l'esprit. Il avait vécu trente-deux ans et huit mois, et en avait régné douze. Sa mort arriva au milieu du printemps, la première année de la 114e olympiade.

(Av. J.-C. 321.) Il n'y eut personne, selon Plutarque et Arrien, qui sur l'heure soupçonnât du poison; et cependant c'est le temps où ces sortes de bruits ont coutume de se répandre. (Av J.-C. 324.) Une preuve du contraire fut l'état même du corps mort : car, tous les principaux officiers étant entrés en dissension, ce corps, laissé là sans aucun soin ni aucune précaution, demeura quelques jours sans se corrompre dans un pays aussi chaud que la Babylonie. Le vrai poison qui le fit mourir fut le vin, et il en a tué bien d'autres. On crut pourtant, depuis, qu'Alexandre avait été empoisonné. Quinte-Curce et Justin assurent, dans les mêmes termes, que la vraie cause de sa mort fut le poison, et que le pouvoir suprême des successeurs d'Alexandre, dont quelques-uns étaient complices de cet attentat, donna lieu au bruit qui se répandit que l'excès du vin l'avait fait mourir, pour couvrir par ce bruit l'horreur d'un crime si affreux. On dit qu'il fut commis par le ministère des fils d'Antipater ; que Cassandre, l'aîné de ses enfans, avait apporté le poison* de

* On prétend que ce poison était une eau extrêmement froide, qui coule goutte à goutte d'un rocher en Arcadie nommé Nonacris. Il en tombe fort peu, et elle est si âcre, qu'elle perce tou,

Grèce; qu'Iolas, son cadet, étant échanson, le mit dans la coupe d'Alexandre, et qu'il choisit habilement l'occasion de la débauche dont il a été parlé, afin que la quantité prodigieuse de vin qu'il avait bu cachât mieux la véritable cause de sa mort. Les circonstances où se trouvait Antipater autorisaient ces soupçons. Il était persuadé qu'on ne l'avait mandé que pour le perdre, à cause des malversations qu'il avait commises pendant sa vice-royauté; et il n'était pas hors de vraisemblance qu'il eût fait commettre à ses enfans un crime qui lui sauvait la vie en l'ôtant à son maître. Ce qu'il y a de sûr, c'est que jamais il ne put se laver de cette tache, et que, tant qu'il vécut, les Macédoniens le détestèrent comme le traître qui avait empoisonné Alexandre. On jeta même quelques soupçons sur Aristote, mais sans beaucoup de fondement.

Soit que ce fut par le crime d'Antipater,

les vaisseaux où on la met, excepté ceux qui sont faits de la corne du pied d'un mulet. Aussi dit-on que ce fut dans un petit vase de cette espèce qu'on l'apporta de Grèce à Babylone pour ce coup scélérat.

ou par l'excès du vin, qu'Alexandre mourût, on est étonné de voir la prédiction des mages et des devins sur sa mort, qui devait arriver à Babylone, accomplie si exactement. Il est certain et incontestable que Dieu s'est réservé à lui seul la connaissance des choses futures; et, si les devins ou les oracles ont prédit quelquefois des choses qui sont effectivement arrivées, ils n'ont pu le faire que par le commerce impie qu'ils avaient avec les démons, à qui leur pénétration et leur sagacité naturelle fournit plusieurs moyens de percer jusqu'à un certain point dans l'avenir par rapport à des évènemens prochains, et de faire des prédictions qui paraissent au-dessus des forces de l'intelligence humaine; mais qui ne passent point celles de ses esprits de malice et de ténèbres. La connaissance qu'ils ont de toutes les circonstances qui précèdent un évènement et qui y préparent; la part même que souvent ils y ont, en inspirant aux méchans qui leur sont livrés, la pensée et le desir de faire telle et telle action de commettre tel et tel crime, inspiration à laquelle ils sont assurés que ces méchans consentiront : tout cela met les démons en état de prévoir et de prédire certaines choses. Ils se trompent souvent dans leurs conjectures ; mais Dieu permet aussi quelquefois qu'ils y réussissent, pour punir l'impiété de ceux qui, malgré ses défenses, consultent ces esprits de mensonge pour connaître ce qui doit arriver.

Dès que le bruit de la mort d'Alexandre se fut répandu, tout le palais retentit de cris et de gémissemens. Victorieux et vaincus, tous le pleurèrent également. La douleur de sa mort, rappelant toutes ses bonnes qualités, faisait oublier ses défauts. Les Perses l'appelaient le plus juste et le plus doux maître qui leur eût jamais commandé, et les Macédoniens le meilleur et le plus vaillant prince de la terre ; murmurant les uns et les autres contre les dieux, de ce que, par envie, ils l'avaient ravi aux hommes à la fleur de son âge et de sa fortune. Les Macédoniens croyaient voir encore Alexandre d'un air assuré et intrépide les mener au combat, assiéger les villes, monter sur les murs, et distribuer des récompenses à ceux qui s'étaient distingués. Ils se reprochaient alors de lui avoir refusé les honneurs divins, et se confessaient ingrats et impies de l'avoir frustré d'un nom qui lui était dû à si juste titre.

Après lui avoir payé cet hommage de recpects et de larmes, ils tournèrent toutes leurs pensées et leurs réflexions sur eux-mêmes, et sur le triste état où la perte d'Alexandre les laissait. Ils considéraient qu'étant partis de Macédoine, ils se trouvaient au-delà de l'Euphrate sans chef, et au milieu de leurs ennemis, qui ne souffraient point sans peine une nouvelle domination. Le roi étant mort sans avoir nommé de successeur, un affreux avenir s'ouvrait à leurs yeux, et ne leur montrait que divisions, que guerres civiles, et qu'une fatale nécessité de verser encore leur sang, et de rouvrir leurs vieilles plaies, non pour conquérir le royaume de l'Asie, mais pour lui donner un roi, et pour placer sur le trône, peut-être un vil officier, ou même quelque scélérat.

Un si grand deuil ne demeura pas renfermé dans les murs de Babylone : il se répandit dans toutes les provinces, et la nouvelle en vint bientôt à la mère de Darius. Elle avait auprès d'elle une de ses petites-filles, encore tout éplorée de la mort d'Éphestion, son mari, et qui, dans cette calamité publique, sentait renouveler ses douleurs particulières. Mais Sysigambis pleurait-elle seule toutes les misères de sa maison, et cette nouvelle affliction lui rappelait toutes les autres. On eût dit que Darius ne venait que de mourir, et que cette mère infortunée faisait tout à la fois les funérailles de deux fils. Elle pleurait également et les morts et les vivans. « Qui aura soin, disait-elle, de mes filles? Où trouverons-nous un autre Alexandre? Il lui semblait qu'elles étaient devenues une seconde fois captives, et qu'elles venaient encore de perdre leur royaume, avec cette différence, que la mort d'Alexandre les laissait absolument sans ressource et sans espérance. Enfin elle succomba à la douleur. Cette princesse, qui avait supporté avec patience la mort de son père, celle de son mari, de quatre-vingts de ses frères massacrés en un jour par Ochus, et, pour tout dire en un mot celle de Darius son fils, et la ruine de sa maison, n'eut pas assez de force pour supporter la perte d'Alexandre. Elle ne voulut plus prendre de nourriture, et se laissa mourir de faim pour ne pas survivre à ce dernier malheur.

Il arriva, après la mort d'Alexandre, de grands désordres parmi les Macédoniens pour la succession au trône, comme on le verra à la suite de cette histoire. Au bout de sept jours de confusion et de disputes, on convient qu'Aridée, frère bâtard d'Alexandre, serait déclaré roi, et, que si Roxane, qui était grosse de huit mois, accouchait d'un fils, il serait joint à Aridée, et mis sur le trône avec lui; et que Perdiccas serait chargé de la personne de l'un et de l'autre, car Aridée était un imbécile qui avait autant besoin de tuteur qu'un enfant en bas âge.

Après que les Égyptiens et les Chaldéens eurent embaumé à leur manière le corps du roi, Aridée fut chargé du soin de le faire transporter au temple de Jupiter Ammon. L'appareil de ce magnifique convoi dura deux ans entiers; ce qui donna lieu à Olympias de plaindre le sort de son fils, qui, ayant voulu se faire mettre au nombre des dieux, était privé pendant tant de temps de la sépulture, privilège accordé généralement aux plus vils des mortels.

§ XIX. On ne serait pas content de moi, si, après avoir fait un long récit des actions d'Alexandre, je ne marquais ici ce qu'on en doit penser; d'autant plus que les jugemens que l'on a portés de ce prince se trouvent tout-à-fait opposés: les uns l'ayant loué et admiré avec une espèce d'extase, comme le modèle d'un héros parfait, et c'est l'opinion qui paraît avoir prévalu; d'autres, au contraire, l'ayant représenté sous des couleurs qui ternissent beaucoup, si elles n'effacent pas l'éclat de ses victoires.

Cette diversité de sentimens marque celle des qualités d'Alexandre: et il faut avouer que jamais prince ne fut plus mêlé que lui de bien et du mal, de vertus et de vices. Il y a plus; on doit mettre une grande différence dans Alexandre même, selon les différens temps où on le considère: c'est Tite-Live qui nous donne cette ouverture. Dans l'examen qu'il fait du sort qu'aurait eu ses armes s'il les avait tournées du côté de l'Italie, il distingue en lui, pour ainsi dire, un double Alexandre: l'un sage, tempérant, judicieux, brave, intrépide, mais plein de prudence et de circonspection; l'autre plongé dans tous les excès d'une prospérité fastueuse, vain, fier, arrogant, emporté, amolli par les délices, livré à l'intempérance et aux débauches, en un mot, devenu plus semblable à Darius qu'à Alexandre, et, par le nouvel esprit et les nouvelles manières qu'il avait prises depuis ses victoires, ayant fait dégénérer ses Macédoniens dans tous les vices des Perses.

Je m'arrêterai à ce plan dans l'examen qui me reste à faire d'Alexandre, et je le considérerai sous deux faces, et comme sous deux époques: d'abord, depuis ses commencemens jusqu'à la bataille d'Issus, et au siège de Tyr, qui la suivit de près; ensuite, depuis cette victoire jusqu'à sa mort. Le première partie nous présentera de grandes qualités avec peu de défauts, je parle selon l'idée des païens; la seconde des vices énormes, et, j'ose le dire malgré l'éclat de tant de victoires, peu de vrai et solide mérite, même par rapport aux actions guerrières, si pourtant l'on en excepte quelques batailles où il soutint sa réputation.

On doit d'abord reconnaître et admirer dans Alexandre un naturel heureux, cultivé et perfectionné par une excellente éducation. Il avait de la grandeur d'ame, de la noblesse, de la générosité. Il aimait à donner, à répandre, à faire plaisir. Il avait appris dès sa plus tendre jeunesse à en user de la sorte. Un jeune garçon, qui servait à ramasser et à jeter des balles quand il jouait à la paume, à qui il ne donnait rien, lui fit sur ce sujet une bonne leçon. Comme il jetait toujours la balle aux autres joueurs, le roi, d'un ton fâché et colère, lui cria: *Tu ne me la donnes donc point à moi? Non, seigneur*, répliqua le jeune garçon, *car vous ne me la demandez pas*. Cette réponse vive et prompte, et pleines d'esprit, fit plaisir au prince: il se mit à rire, et lui fit depuis plusieurs présens. Il ne fut plus besoin dans lasuite d'inviter et de provoquer sa libéralité: il se fâchait véritablement contre ceux qui ne voulaient pas en profiter. Il écrivit à Phocion, qui demeura toujours raide et inflexible sur ce point, *qu'il ne serait plus désormais son ami, s'il refusait les graces qu'il voulait lui faire.*

Comme si dès ses premières années il eût senti à quoi il était destiné, il voulait primer en tout, et l'emporter sur tous les autres. Personne ne porta jamais si loin que lui l'ardeur pour la gloire, et l'on sait que l'ambition, qui est parmi nous un grand vice, était ordinairement regardée chez les païens comme une grande vertu. Elle lui fit soutenir avec courage tous les travaux et toutes les fatigues nécessaires pour se distinguer dans les exercices et du corps et de l'esprit. On l'accoutuma de bonne heure à une vie sobre, dure, simple, éloignée de tout luxe et de toute délicatesse, ce qui est un excellent apprentissage pour le métier de la guerre.

Je ne sais si jamais jeune prince eut l'esprit plus cultivé qu'Alexandre. Eloquence, poésie, belles-lettres, arts de toutes sortes, sciences les plus abstraites et les plus sublimes, tout lui devint familier. Quel bonheur de trouver un maître comme il en eut un ! Il fallait un Aristote pour un Alexandre. Je suis ravi de voir le disciple rendre un illustre témoignage à son maître en déclarant qu'il lui était en un certain sens plus redevable qu'à son père même. Pour penser et parler ainsi, il faut connaître tout le prix d'une bonne éducation.

On en vit bientôt les effets. Peut-on trop admirer la solidité d'esprit de ce jeune prince dans les conversations qu'il eut avec les ambassadeurs de Perse; sa prudence prématurée, lorsqu'en qualité de régent pendant l'absence de son père il contint, encore tout jeune, et pacifia la Macédoine; son courage et sa bravoure dans la bataille de Chéronée, où il se distingua d'une manière si marquée?

Il fit paraître plus de modération dans la suite, lorsqu'à l'occasion des discours insolens et séditieux que tenaient ses soldats dans une mutinerie, il dit que rien n'était plus royal que d'entendre tranquillement dire du mal de soi en faisant du bien. On a remarqué que le grand prince de Condé n'admirait rien plus dans ce conquérant que la noble fierté avec laquelle il parla aux soldats mutinés qui refusaient de le suivre : Allez, lâches, leur dit-il, allez, ingrats, dire en votre pays que vous avez abandonné votre roi parmi des peuples qui lui obéiront mieux que vous. « Alexandre, dit M. le Prince, abandonné des siens parmi des Barbares mal assujétis, se sentait si digne de commander, qu'il ne croyait pas qu'on pût lui refuser de lui obéir. Être en Europe ou en Asie, parmi les Grecs ou les Perses, tout lui était indifférent : il pensait trouver des sujets où il trouvait des hommes. » La patience et la modération d'Alexandre, dont j'ai d'abord parlé, ne sont pas moins admirables.

Les commencemens de son règne sont peut-être ce qu'il y a eu de plus glorieux dans toute sa vie : qu'à l'âge de vingt ans il ait pu pacifier les troubles intérieurs du royaume ; qu'il ait abattu ou soumis les ennemis du dehors, et quels ennemis ! qu'il ait désarmé la Grèce liguée presque entière contre lui, et qu'en moins de deux ans il se soit mis en état d'exécuter sûrement ce que son prédécesseur avait sagement projeté : tout cela suppose une présence d'esprit, une fermeté d'ame, un courage, une intrépidité, et, plus que tout cela encore, une prudence consommée ; qualités qui font le vrai caractère d'un héros.

Il le soutint merveilleusement, ce caractère de héros, dans toute la suite de son expédition contre Darius, jusqu'au temps que nous avons marqué. Plutarque a raison d'en admirer le projet seul comme l'acte le plus héroïque qui ait jamais été. Il le forma dès qu'il fut monté sur le trône, regardant ce dessein comme faisant partie, en quelque sorte, de la succession de son père. A peine alors âgé de vingt ans, environné de périls extrêmes au dedans et au dehors de son royaume; trouvant l'épargne épuisée, et chargée même de deux cents talens de dettes que son père avait contractées, avec un corps de troupes beaucoup inférieures pour le nombre à celles des Perses: dans cet état, Alexandre tourne déja ses vues du côté de Babylone et de Suse, et ne se propose rien moins que la conquête d'un si vaste empire.

Etait-ce suffisance et témérité de jeune homme? demande Plutarque. Non, sans doute, réplique-t-il. Jamais personne ne forma entreprise guerrière avec de si grands préparatifs et de si puissans secours. J'entends (c'est toujours Plutarque qui parle) la magnanimité, la prudence, la tempérance, le courage; préparatifs et secours que lui fournit la philosophie, qu'il avait étudiée à fond : de sorte qu'on peut dire qu'il ne fut pas moins redevable de ses conquêtes aux leçons d'Aristote, son maître qu'aux instructions de Philippe, son père.

On peut ajouter que, selon toutes les règles de la guerre, l'entreprise d'Alexandre devait avoir un heureux succès. Une armée comme la sienne, quoique peu nombreuse, composée de Macédoniens et de Grecs, c'est-à-dire de ce qu'il y avait alors de plus excellentes troupes; aguerrie de longue main, endurcie à la fatigue et aux dangers; formée par une heureuse expérience à tous les exercices des sièges et des combats; animée par le souvenir de ses anciennes victoires; par l'espérance d'un butin immense, et plus encore par sa haine héréditaire et irréconciliable contre les Perses : une telle armée, conduite par Alexandre, était comme sûre de remporter la victoire sur des troupes où il y avait, à la vérité, des hommes sans nombre, mais peu de soldats.

La promptitude de l'exécution répondit à la sagesse du projet. Après s'être concilié ous ses généraux et ses officiers par une béralité qui est sans exemple, et tous ses oldats par un air de bonté, d'affabilité, et ıême de familiarité, qui, loin d'avilir la ıajesté du prince, ajoutent au respeet u'on lui porte un attachement et une teuresse à l'épreuve de tout; il s'agissait d'é-›nner les ennemis par des coups hardis, e les effrayer par des exemples de sévéité, et de les gagner enfin par des actes 'humanité et de clémence. C'est à quoi il éussit merveilleusement. Le passage du iranique, suivi d'une célèbre victoire, les eux fameux sièges de Milet et d'Halicarasse, montrèrent à l'Asie un jeune conquéant à qui nulle partie de la science miliaire ne manquait. Cette dernière ville, asée jusque dans ses fondemens, jeta parout la terreur : mais l'usage de la liberté t de leurs anciennes lois, rendu à celles ui se soumirent de bonne grace, fit croire ue le vainqueur ne songeait qu'à rendre es peuples heureux, et à leur procurer une aix tranquille et assurée.

Son impatience de se baigner, encore out trempé de sueur, dans la rivière de 'ydnus, pourrait être regardée comme une action de légèreté et de jeunesse qui convenait peu à sa dignité; mais il n'en faut pas juger par nos mœurs : les Anciens, qui rapportaient tous leurs exercices à ceux de la guerre, s'accoutumaient de bonne heure à se baigner et à nager. On sait qu'à Rome les jeunes gens, parmi la noblesse, après s'être fort échauffés aux exercices militaires dans le champ de Mars, à la course, à la lutte, à lancer le javelot, se jetaient, tout couverts de sueur, dans le Tibre, qui coule à côté. C'est par-là qu'ils se disposaient à passer les rivières et les lacs dans les pays ennemis; car ces passages ne se font qu'après de pénibles marches, et après avoir été long-temps exposé aux ardeurs du soleil sous des armes pesantes; ce qui n'arrive pas sans sueur. Ainsi l'on peut faire grace à Alexandre de ce bain, qui pensa lui coûter cher, d'autant qu'il pouvait ignorer l'extrême froideur de cette rivière.

Les deux batailles d'Issus et d'Arbelles, joignez-y le siége de Tyr, l'un des plus fameux dont il soit parlé dans l'antiquité, achevèrent de prouver qu'Alexandre réunissait en lui toutes les qualités d'un grand ıpitaine : habileté à choisir son terrain ɔur un combat, et à savoir profiter de ›us ses avantages ; présence d'esprit dans feu de l'action même, pour donner ses :dres à propos : courage et bravoure, que s dangers les plus évidens ne font qu'a-ımer; activité impétueuse, tempérée et :glée par une sage retenue pour ne pas se vrer à une ardeur indiscrète; enfin une rmeté et une constance qui n'est ni dé-ɔncertée par les contre-temps imprévus, ı rebutée par les difficultés, quelque in-ırmontables qu'elles paraissent, et qui ne ɔnnaît d'autre terme ni d'autre issue que victoire.

Les auteurs ont remarqué une grande ifférence entre Alexandre et son père pour : manière de faire la guerre. La ruse, et ɔuvent la fourberie, étaient le goût do-ıinant de Philippe, qui cheminait sourde-ıent et par des souterrains : son fils agis-ıit de meilleure foi, et marchait la tête :vée. L'un cherchait à tromper les enne-ıis par la finesse; l'autre, à les abattre ›ar la force. Le premier montrait plus l'adresse, le second plus de grandeur d'ame. Nul moyen de vaincre ne paraissait honteux à Philippe : jamais Alexandre ne songea à employer la trahison. Il tenta de détacher du service de Darius le plus habile de ses généraux, mais par des voies d'honneur. Passant avec son armée près des terres de Memnon, il défendit sévèrement à ses soldats d'y faire le moindre désordre. Son but était de l'attirer dans son parti, ou du moins de le rendre suspect aux Perses. Memnon, de son côté, se piquait de générosité envers Alexandre; et, un jour, entendant un soldat qui parlait mal d'Alexandre, « Je ne t'ai pas pris à ma solde, lui dit-il en le frappant de sa javeline, pour parler mal de ce prince, mais pour combattre contre lui. »

Ce qui met Alexandre au-dessus de presque tous les conquérans, et, on peut le dire sans exgération, au-dessus de lui-même, c'est l'usage qu'il fit de la victoire après la bataille d'Issus. C'est ici le bel endroit d'Alexandre; c'est le point de vue par lequel il a intérêt qu'on le considère, et sous lequel il n'est pas possible qu'il ne paraisse véritablement grand. La victoire d'Issus l'avait rendu maître, non encore de la personne de Darius, mais de son mpire. Il avait entre les mains, outre ysigambis, mère de ce prince, sa femme t ses filles, princesses d'une beauté qui 'avait rien de pareil dans toute l'Asie. lexandre était jeune, il était vainqueur, était libre et non encore engagé dans les ens du mariage, comme un auteur le emarque du premier Scipion l'Africain lans une occasion toute semblable. Cependant son camp devint pour les princesses m asile sacré, ou plutôt un temple, où eur pudeur fut mise en sûreté comme ous la garde de la vertu même, et où elle ut respectée à un tel point, que Darius, pprenant la manière dont elles avaient été traitées, ne put s'empêcher de lever es mains vers le ciel, et de faire des vœux pour un vainqueur si généreux, si sage, i maître de ses passions.

Dans le dénombrement des bonnes qualités d'Alexandre, je n'en dois pas oublier une, qui est très rare dans les grands, et qui néanmoins d'un côté fait honneur à l'humanité, et de l'autre procure la plus grande douceur de la vie : c'est d'avoir été capable d'une amitié tendre, ouverte, effective, constante, sans dédain, sans faste, dans une si haute fortune, laquelle ordinairement se renferme en elle-même, met sa grandeur à abaisser tout ce qui l'environne, et s'accommode mieux d'ames serviles que d'amis libres et sincères.

Alexandre chérissait ses officiers et ses soldats, se communiquait familièrement à eux, les admettait à sa table, à ses exercices, à ses entretiens, s'intéressait véritablement et de cœur à leurs différentes situations; s'inquiétait sur leurs maladies, se réjouissait de leur guérison, et prenait part à tout ce qui leur arrivait. On en a des exemples dans Éphestion, dans Ptolémée, dans Cratère et dans beaucoup d'autres. Un prince qui a un vrai mérite ne perd rien de sa dignité en s'abaissant et se familiarisant de la sorte; il n'en devient que plus respectable et plus aimable. Tout homme d'une grande taille ne craint pas de se mettre de niveau avec les autres, il est bien sûr qu'il les passera de la tête. Il n'y a qu'une petitesse réelle qui ait intérêt de ne pas se mesurer avec des hommes d'une taille plus haute, et de ne pas se trouver dans la foule.

Alexandre était aimé parce qu'on sentait

u'il aimait le premier. Cette conviction emplissait les troupes d'ardeur pour lui laire et pour réussir, de docilité et de romptitude pour l'exécution des ordres s plus difficiles, de constance dans les tuations les plus rebutantes, d'un délaisir sensible et profond de l'avoir méontenté en quelque chose.

Que manque-t-il jusqu'ici à la gloire 'Alexandre? La vertu guerrière a paru ans tout son éclat; la bonté, la clémence, modération, la sagesse, y ont mis le omble, et y ont ajouté un lustre qui en elève infiniment le mérite. Supposons que ans cet état Alexandre, pour mettre en ûreté sa gloire et ses victoires, s'arrête out court, qu'il mette lui-même un frein son ambition, et que de la même main lont il a terrassé Darius, il le rétablisse sur e trône; qu'il rende l'Asie Mineure, habitée resque tout entière par des Grecs, libre t indépendante de la Perse; qu'il se déclare le protecteur de toutes les villes et le tous les états de la Grèce, pour leur asurer leur liberté et les laisser vivre selon eurs lois; qu'il entre ensuite dans la Maédoine, et que là, content des bornes légitimes de son empire, il mette toute sa gloire et toute sa joie à le rendre heureux, à y procurer l'abondance, à y faire fleurir les lois et la justice, à y mettre la vertu en honneur, à se faire aimer de ses sujets; qu'enfin, devenu par la terreur de ses armes, et encore plus par la renommée de ses vertus, l'admiration de tout l'univers, il se voie en quelque sorte l'arbitre de tous les peuples, et exerce sur les cœurs un empire bien plus stable et bien plus honorable que celui qui n'est fondé que sur la crainte : en supposant tout cela, y aurait-il eu jamais un prince plus grand, plus glorieux, plus respectable qu'Alexandre?

Pour prendre un tel parti, il faut une grandeur d'ame et un goût épuré sur la vraie gloire, dont l'histoire fournit peu d'exemples. On ne fait point réflexion que la gloire qui suit les conquêtes les plus brillantes n'approche point de la réputation d'un prince qui a su mépriser et dompter l'ambition, et mettre un frein à une puissance qui était sans bornes. Alexandre était bien éloigné de cette disposition. Son bonheur continuel, qui ne fut interrompu par aucune adversité, l'enivra et le changea à un point qu'on ne le reconnut plus ; et je ne sais si jamais le poison de la prospérité eut un effet plus prompt et plus efficace.

Seconde partie.

Depuis le siège de Tyr, qui suivit de près la bataille d'Issus, et où Alexandre fit paraître tout le courage et toute l'habileté d'un grand capitaine, on voit les vertus et les grandes qualités de ce prince dégénérer tout à coup, et faire place aux vices les plus grossiers et aux passions les plus brutales. Si à travers les excès où il se livre on voit encore briller de temps en temps des marques de bonté, de douceur, de modération, c'est l'effet d'un naturel heureux, qui n'est pas entièrement étouffé par le vice, mais qui en est dominé.

Y eut-il jamais une entreprise plus folle et plus extraordinaire que celle de traverser les plaines sabloneuses de la Libye, d'exposer son armée à périr de soif et de fatigue, d'interrompre le cours de ses victoires, et de laisser à son ennemi le temps de mettre sur pied de nouvelles troupes, pour aller au loin se faire nommer le fils de Jupiter Ammon, et acheter à grands frais un titre qui ne pouvait servir qu'à le le rendre méprisable?

Quelle petitesse pour Alexandre de retrancher de ses lettres, depuis qu'il eut défait Darius, le mot grec qui signifie *salut*, excepté de celles qu'il écrivait à Phocion et à Antipater! comme si ce titre, parce qu'il était employé par tous les autres hommes, eût pu dégrader un roi, qui par son état même est obligé de procurer ou du moins de souhaiter à tous ses sujets le bonheur désigné par ce terme.

De tous les vices il n'en est point de si bas ni de si indigne, je ne dis pas d'un prince, mais d'un honnête homme, que l'ivrognerie; le nom seul en fait horreur, et ne peut se souffrir. Quel honteux plaisir, que de passer les jours et les nuits à boire, de continuer des débauches pendant des semaines entières, de se piquer de vaincre tous les autres en intempérance, et de risquer sa vie pour une telle victoire! Sans parler des infamies qui accompagnaient ces débauches, quelles oreilles peuvent soutenir les discours insensés d'un fils qui, la tête échauffée par le vin, prend à tâche de décrier son père, d'avilir sa gloire, et de se préférer à lui sans ménagement et sans pudeur? L'ivresse n'est que l'occasion, non la cause, de ces excès. Elle découvre ce qui est dans le cœur, mais ne l'y met pas. Alexandre, enflé par ses victoires, avide et insatiable de louanges, enivré de son propre mérite, plein de jalousie ou de mépris pour tous les autres, pouvait, lorsqu'il était de sang-froid, dissimuler ses sentimens : le vin nous le montre tel qu'il est.

Que dire du meurtre cruel d'un ancien ami, indiscret à la vérité et téméraire, mais ami? de la mort du plus honnête homme qui fût à la suite de ce prince, dont tout le crime était de n'avoir pu lui rendre des hommages divins? du supplice de deux de ses principaux officiers, condamnés sans preuves et sur les plus légers soupçons?

Je passe sous silence beaucoup d'autres vices, dont on ne peut justifier la mémoire d'Alexandre, et qui lui sont assez généralement imputés, pour n'examiner plus en lui que le guerrier et le conquérant, qualités sous lesquelles seules on a coutume de le considérer, et qui lui ont attiré l'estime de tous les siècles et de tous les peuples. Il s'agit de savoir si cette estime est aussi bien fondée qu'on le pense assez communément.

J'ai déja déclaré que jusqu'à la bataille d'Issus, et au siège de Tyr exclusivement, on ne pouvait refuser à Alexandre la gloire de grand capitaine et de grand guerrier. Je doute pourtant que, même dans ses premières années, on doive le mettre au-dessus de Philippe son père, dont les actions, pour être moins éclatantes, n'en sont pas moins estimées par les bons connaisseurs et par les gens du métier. Philippe, en montant sur le trône, trouva tout à faire. Il lui fallut jeter lui-même les fondemens de sa fortune, sans attendre d'ailleurs ni facilité ni secours. Il fut seul l'auteur et l'artisan de sa puissance et de sa grandeur. Il se trouva obligé de former lui-même ses troupes aussi bien que ses officiers; de les dresser à tous les exercices de l'art militaire; de les discipliner, de les aguerrir: et c'est uniquement à ses soins et à son habileté que la Macédoine dut l'établissement de la fameuse phalange, c'est-à-dire des meilleures troupes qui fussent alors, et auxquelles Alexandre fut redevable de toutes ses conquêtes. Que d'obstacles Philippe n'eut-il point à surmonter pour se saisir de la domination qu'Athènes, Sparte et Thèbes avaient successivement exercée dans la Grèce ! Ce ne fut qu'à force de batailles et de victoires (et contre quels peuples !) qu'il réduisit les Grecs à le reconnaître pour leur chef. Voilà donc les voies toutes préparées à Alexandre pour l'exécution du grand dessein dont son père lui avait tracé le plan, et sur lequel il lui avait laissé d'excellentes instructions. Or, qui peut douter qu'il ne fût beaucoup moins difficile de soumettre l'Asie avec le secours des Grecs, que de soumettre les Grecs si souvent vainqueurs de l'Asie ?

Mais sans s'arrêter à la comparaison d'Alexandre avec Philippe, qui ne peut être qu'à l'avantage du dernier dans l'esprit de quiconque ne mesure point les héros au nombre des provinces qu'ils ont conquises, mais à la juste valeur de leurs actions, quel jugement doit-on porter d'Alexandre depuis ses victoires contre Darius ? et est-il possible de le proposer, dans ses dernières années, comme le modèle d'un grand homme de guerre et d'un glorieux conquérant ?

Je commence dans cet examen, par ce qui est, du consentement de tous ceux qui ont écrit sur ce sujet, le fondement de la solide gloire d'un héros, je veux dire la justice de la guerre qu'il entreprend ; sans quoi ce n'est plus un conquérant ni un héros, mais un usurpateur et un brigand. Alexandre, en portant la guerre dans l'Asie, et tournant ses armes contre Darius, avait un prétexte plausible et honnête, parce que les Perses avaient été de tout temps et étaient encore les ennemis déclarés des Grecs, dont il avait été nommé le généralissime, et dont il se pouvait croire obligé en cette qualité de venger les injures ; mais quel titre avait-il contre une infinité de peuples, à qui le nom même de la Grèce était inconnu, et qui ne lui avaient jamais fait aucun tort ? l'ambassadeur de Scythes parlait fort sensément quand il lui disait : « Qu'avons-nous à démêler avec toi ? Jamais nous n'avons mis le pied dans ton pays. N'est-il pas permis à ceux qui vivent lans les bois d'ignorer qui tu es et d'où tu viens ? Tu te vantes de venir pour exterminer les voleurs : tu es toi-même le plus grand voleur de la terre. » Voilà la juste léfinition d'Alexandre, et dont il n'y a rien à rabattre.

Un pirate lui parla dans le même sens, et avec encore plus d'énergie. Alexandre ui demandait quel droit il croyait avoir l'infester les mers. « Le même que toi, lui répondit-il avec une fière liberté, d'infester l'univers. Mais, parce que je le fais avec un petit bâtiment, on m'appelle brigand ; et parce que tu le fais avec une grande lotte, on te donne le nom de conquérant. » La réponse, dit saint Augustin, qui nous a conservé ce petit fragment de Cicéron, était pleine d'esprit et de vérité.

Si donc il doit demeurer pour constant, et nul homme raisonnable ne le révoque en loute, que toute guerre entreprise uniquement par ambition est injuste, et rend le prince qui l'entreprend responsable de tout e sang qui y est répandu, quelle idée devons-nous avoir des dernières conquêtes l'Alexandre ? Il n'y eut jamais d'ambition plus folle, disons mieux, plus furieuse que celle de ce prince. Sorti d'un petit coin de la terre, et oubliant les bornes étroites de son domaine paternel, après qu'il s'était étendu au loin, qu'il a subjugué non-seulement les Perses, mais les Bactriens et les Indiens, qu'il a entassé royaumes sur royaumes, il se trouve encore à l'étroit; et, déterminé à forcer, s'il le peut, les barrières de la nature, il songe à chercher un nouveau monde, et ne craint point de sacrifier des millions d'hommes à son ambition ou à sa curiosité. On dit qu'Alexandre, lorsqu'il ouït dire au philosophe Anaxarque qu'il y avait une infinité de mondes, pleura du désespoir qu'il conçut de ne parvenir jamais à les conquérir tous, puisqu'il n'en avait pas encore conquis un seul. Sénèque a-t-il tort de comparer ces prétendus héros, qui ne se sont rendus illustres que par le malheur des peuples, à un incendie et à un déluge qui ravagent et détruisent tout, ou à des bêtes féroces qui ne vivent que de sang et de carnage?

Alexandre, violemment entraîné vers la gloire, dont il ne connaissait ni la nature ni les justes bornes, se piquait de marcher sur les pas d'Hercule, et même de porter ncore plus loin que lui ses armes victo-ieuses. Quelle ressemblance y avait-il, dit e même Sénèque, entre ce sage conqué-ant et un jeune insensé à qui son heureuse émérité tenait lieu de mérite et de vertu? Iercule, dans ses expéditions, ne fit point le conquêtes pour lui-même. Il parcourut 'univers comme dompteur des monstres, omme ennemi des méchans, comme ven-eur des bons, comme pacificateur des erres et des mers. Alexandre au contraire, njuste brigand dès sa jeunesse, cruel rava-eur des provinces, infâme meurtrier de es amis, fit consister son bonheur et sa loire à se rendre formidable à tous les nortels, oubliant que ce ne sont pas seu-ement les animaux féroces qui se font raindre, mais que dans les plus lâches nême on redoute souvent leur venin.

Mais laissons cette première considéra-ion, qui nous représente les conquérans omme des fléaux que la colère de Dieu nvoie dans le monde pour le punir; et xaminons les dernières conquêtes d'A-exandre en elles-mêmes, pour voir ce u'il en faut penser.

Les actions de ce prince, il faut l'avouer,

ont un brillant qui éblouit et qui étonne l'imagination avide du grand et du merveilleux. Son enthousiasme de valeur transporte ceux qui lisent son histoire, comme il l'a transporté lui-même. Mais doit-on donner le nom de courage et de valeur à une hardiesse aveugle, téméraire, impétueuse, qui ne connaît point de règles, qui ne consulte point la raison, et qui n'a pour guide qu'une ardeur insensée de fausse gloire et un desir effréné de se distinguer à quelque prix que ce soit? Ce caractère ne convient qu'à un aventurier, qui est sans suite, qui ne répond que de sa vie, et qui, par cette raison, peut être employé pour un coup de main. Il n'en est pas ainsi du prince. Il est responsable de sa vie à toute l'armée et à tout son royaume. Hors quelques occasions fort rares où il est obligé de payer de sa personne et de partager le danger avec les troupes pour les sauver, il doit se souvenir qu'il y a une extrême différence entre un général et un simple soldat. La véritable valeur ne pense point à se produire; elle n'est point occupée du soin de sa réputation, mais du salut de l'armée; elle s'écarte égalemcnt, et d'une sagesse timide qui ɔrévoit et craint tous les inconvéniens, et l'une ardeur brutale qui cherche et affronte ;ratuitement les périls. En un mot, pour ormer un général accompli, il faut que a prudence tempère et règle ce que la 'aleur a de féroce, et que la valeur son tour anime et échauffe ce que la pru-lence a de froid et de lent.

Reconnaît-on Alexandre à ces traits ? Quand on lit son histoire, et qu'on le suit ans ses sièges et dans ses combats, on est ans des alarmes continuelles pour lui et our son armée, et l'on croit à chaque noment qu'il va périr. Ici c'est un fleuve apide qui est près de l'entraîner et de engloutir; là c'est un roc escarpé où il rimpe et où il voit autour de lui des sol-ats ou percés par les traits des ennemis, ou enversés par des pierres énormes dans des récipices. On tremble quand on voit ans une bataille la hache prête à lui fen-re la fête; et encore plus quand on le voit eul dans une place où sa témérité l'a en-agé, exposé à tous les traits des ennemis. l comptait sur des miracles: mais rien 'est plus déraisonnable, dit Plutarque: ar les miracles ne sont pas sûrs, et les dieux se lassent enfin de conduire et de conserver des téméraires qui abusent de leur secours.

Le même Plutarque, dans un traité * où il fait l'éloge d'Alexandre, pour le présenter comme un héros accompli, fait un long dénombrement de toutes les blessures qu'il a reçues, sans qu'aucune partie de son corps, depuis la tête jusqu'aux pieds, ait été épargnée, et il prétend que la fortune, en le criblant ainsi de coups, n'a fait que mettre son courage dans une plus grande évidence. Un grand capitaine **, dont il fait ailleurs l'éloge, n'en jugeait pas ainsi. On le louait d'une blessure qu'il avait reçue dans une bataille: et pour lui, il s'en excusait comme d'une faute de jeune homme, et comme d'une témérité condamnable. On a remarqué, à la louange d'Annibal, et je l'ai déja observé ailleurs, que, dans les différens combats qu'il donna, il ne fut point blessé ***. Je ne sais si jamais César le fut.

* Ce traité, s'il est de Plutarque, paraît un fruit de sa jeunesse, et ressent beaucoup la déclamation.

** Timothée.

*** On ne fait mention que d'une blessure.

Une dernière observation, et qui regarde en général toutes les expéditions d'Alexandre dans l'Asie, doit beaucoup diminuer du mérite de ses victoires et de l'éclat de sa réputation; c'est le caractère des peuples contre qui il a eu à combattre. Tite-Live, dans une digression où il examine quel eût été le sort des armes d'Alexandre s'il les eût tournées du côté de l'Italie, et où il montre que Rome sûrement aurait arrêté ses conquêtes, insiste beaucoup sur la réflexion dont je parle. Il oppose à ce prince, pour le courage, un grand nombre d'illustres Romains, qui lui auraient tenu tête en tout; et pour la prudence, cet auguste sénat, que Cinéas, pour en donner une juste idée à Pyrrhus, son maître, disait être composé d'autant de rois. « S'il était venu contre les Romains, dit Tite-Live, il aurait bientôt reconnu qu'il n'avait plus affaire à un Darius, qui, chargé de pourpre et d'or, vain appareil de sa grandeur, et traînant avec lui une troupe de femmes et d'eunuques, était plutôt une proie qu'un ennemi; et qu'il vainquit en effet sans presque verser de sang, et sans avoir besoin d'autre mérite que celui d'oser mépriser ce qui n'était digne que de mépris. L'Italie lui aurait paru bien différente des Indes, qu'il traversa dans une partie de débauche avec son armée noyée dans le vin; surtout quand il aurait vu les fôrets de l'Apulie, les montagnes de la Lucanie, et les traces encore récentes de la défaite d'Alexandre son oncle, roi d'Épire, qui y était péri. » L'historien ajoute qu'il parle d'Alexandre non encore gâté et corrompu par la prospérité, dont le poison subtil ne se fit jamais sentir à personne plus vivement qu'à lui; et il conclut qu'après un tel changement, il serait arrivé en Italie bien différent de ce qu'il avait paru jusque-là.

Ce raisonnement de Tite-Live fait voir qu'Alexandre dut ses victoires en partie à la faiblesse de ses ennemis, et que, s'il eût rencontré des peuples belliqueux et aguerris comme les Romains, et des généraux habiles et expérimentés comme ceux de cette nation, le cours de ses victoires n'eût été ni si rapide ni si continu. Cependant voilà par où il faut juger du mérite d'un conquérant. Annibal et Scipion passent pour deux des plus grands capitaines qui aient ımais été. Pourquoi celà? Parce qu'ayant e part et d'autre tout le mérite guerrier, eur expérience, leur habileté, leur fermeté, leur courage ont été mis à l'épreuve, t ont paru dans tout leur jour. Donnezeur à l'un ou à l'autre un antagoniste ıégal, et qui ne réponde point à leur réutation: on n'en a plus la même idée; et eurs victoires, en les supposant les mêmes, 'ont plus le même éclat et ne méritent ıas les mêmes louanges.

On se laisse trop éblouir par les actions ırillantes et par un dehors fastueux, et on e livre trop aveuglément aux préjugés et ux préventions. Alexandre avait de granles qualités, on ne peut le nier; mais qu'on nette dans l'autre plat de la balance ses éfauts et ses vices, une estime présomıtueuse de lui-même, un mépris dédaigneux des autres, et même de son père; ıne soif ardente de la louange et de la latterie; la folle pensée de se faire croire ils de Jupiter, de se faire attribuer la diinité, d'exiger d'un peuple libre et vainqueur des hommages serviles et de honeux prosternemens; l'indigne excès des lébauches et du vin; une colère violente, et qui va jusqu'à une brutale férocité; le supplice injuste et cruel de ses plus braves et plus fidèles officiers; le meurtres de ses meilleurs amis au milieu de la joie des festins: croit-on, dit Tite-Live, que tous ces défauts ne fassent point de tort à la réputation d'un conquérant? Mais l'ambition effrénée d'Alexandre, qui ne connaît ni règle ni mesure, l'audace téméraire avec laquelle il affronte les dangers sans raison et sans nécessité, la faiblesse et le peu de mérite guerrier des peuples qu'il a eu à combattre, tout cela n'affaiblit-il point les raisons qu'on croit avoir de lui donner le surnom de *grand*, et la qualité de *héros*? J'en laisse le jugement à la sagesse et à l'equité du lecteur.

Pour moi, je suis étonné que tous les orateurs qui entreprennent de louer un prince ne manque jamais de le comparer avec Alexandre. Ils pensent avoir épuisé l'éloge quand ils l'ont égalé à ce roi; ils ne voient rien au-delà, et ils croiraient avoir négligé un dernier trait pour la gloire de leur héros, s'ils ne le relevaient par cette comparaison. Il me semble qu'il y a dans cet usage assez ordinaire un faux oût, un défaut de justesse, et, si j'osais le ire, une dépravation de jugement qui oit blesser tout esprit raisonnable; car nfin Alexandre était roi, il en devait emplir les devoirs et les fonctions comme en avait le caractère. On ne voit point n lui les premières, les principales, les lus excellentes vertus d'un grand roi, qui ont d'être le père, le tuteur, le pasteur e son peuple; de le gouverner par de onnes lois, de le rendre florissant par le ommerce de terre et de mer, et par le rogrès des arts; d'y faire régner l'abonance et la paix; d'empêcher l'oppression t la vexation de ses sujets; d'entretenir ne douce harmonie entre tous les ordres le l'état, de les faire tous concourir, selon leur mesure, au bien commun; de 'occuper à rendre justice à tous ses sujets, écouter leurs différends, à les accorder; e se regarder comme l'homme de son euple, chargé de pourvoir à tous ses besoins et de lui procurer toutes les douceurs le la vie. Or Alexandre, qui, presque lès le moment qu'il fut monté sur le rône, quitta la Macédoine sans y avoir amais depuis remis le pied, n'a eu rien de tout cela ; ce qui est pourtant le capital, le solide, le principal dans un grand roi.

On ne voit en lui que les qualités d'un second rang, qui sont les guerrières ; et il les a toutes outrées, poussées à des excès téméraires et odieux, portées jusqu'à la folie et à la fureur, pendant qu'il laissait son royaume exposé aux rapines et aux vexations d'Antipater, toutes les provinces conquises livrées aux pilleries et à l'avarice insatiable et cruelle des gouverneurs, qui portèrent si loin leurs concussions, qu'Alexandre fut contraint de les faire punir de mort. Il ne mit pas plus d'ordre dans son armée. Les soldats, après avoir pillé les richesses de l'Orient, après avoir été comblés des bienfaits du prince, devinrent si déréglés, si débauchés, si perdus de vices, qu'il se vit obligé de payer leurs dettes par une libéralité de trente millions. Quels hommes ! Quelle école ! Quel fruit des victoires ! Est-ce beaucoup honorer un prince et embellir son panégyrique, que de le comparer à un tel modèle ?

Il paraît à la vérité que les Romains conservèrent un grand respect pour la mémoire

'Alexandre; mais je ne sais si, dans les eaux temps de la république, il eût passé our un si grand homme. César voyant sa atue dans un temple en Espagne, lorsqu'il n avait le gouvernement après sa préture, e put s'empêcher de pousser des gémisse-iens et des soupirs, en comparant le peu e belles actions qu'il avait faites jusque-là, vec les grands exploits de ce conquérant. n disait que Pompée, dans un de ses riomphes, parut revêtu de la casaque de ce rince. Auguste pardonna à ceux d'Alexan-rie, en considération de leur fondateur. aligula, dans une cérémonie où il se don-ait pour un grand conquérant, endossa cuirasse d'Alexandre. Mais personne ne oussa ce zèle si loin que Caracalla. Il se ervait d'armes et de gobelets semblables ceux de ce roi. Il avait dans ses troupes ne phalange macédonienne. Il persécuta es péripatéticiens, et voulut jeter au feu ous les livres d'Aristote leur maître, parce u'on l'avait soupçonné d'avoir été complice e l'empoisonnement d'Alexandre.

Je puis, ce me semble, assurer que, si ne personne sensée et équitable lit de suite vec intention les vies des hommes illustres de Plutarque, il lui restera une impression secrète et profonde, qui lui fera regarder Alexandre comme un des moins estimables dans ce nombre. Que serait-ce si nous avions les vies d'Épominondas, d'Annibal, de Scipion, dont on ne peut trop regretter la perte? Combien Alexandre, avec tous ses titres de grandeur et toutes ses conquêtes, paraîtrait-il médiocre, même pour le mérite guerrier, auprès de ces hommes véritablement grands et dignes de toute leur réputation!

§ XX. On ne me saura pas mauvais gré d'insérer ici une partie des admirables réflexions de M. Bossuet, évêque de Meaux, sur ce qui regarde le caractère et le gouvernement des Perses, des Grecs et des Macédoniens, dont l'histoire nous a occupés jusqu'ici.

Les Grecs, dont plusieurs d'abord avaient vécu sous un gouvernement monarchique, s'étant policés peu à peu, se crurent capables de se gouverner eux-mêmes, et la plupart des villes se formèrent en républiques. Mais de sages législateurs, qui s'élevèrent en chaque pays, un Thalès, un Pythagore, un Pittacus, un Lycurgue, un Solon, et tant d'autres que l'histoire marque, empêchèrent que la liberté ne dégénérât en licence. Des lois simplement écrites, et en petit nombre, tenaient les peuples dans le devoir, et les faisaient concourir au bien commun du pays.

L'idée de liberté qu'une telle conduite inspirait était admirable; car la liberté que se figuraient les Grecs était une liberté soumise à la loi, c'est-à-dire à la raison même reconnue par tout le peuple. Ils ne voulaient pas que les hommes eussent du pouvoir parmi eux. Les magistrats, redoutés durant le temps de leur ministère, redevenaient des particuliers, qui ne gardaient d'autorité qu'autant que leur en donnait leur expérience. La loi était regardée comme la maîtresse : c'était elle qui établissait les magistrats, qui en réglait le pouvoir, et qui enfin châtiait leur mauvaise administration. L'avantage de ce gouvernement était que les citoyens s'affectionnaient d'autant plus à leur pays, qu'ils se conduisaient en commun, et que chaque particulier pouvait parvenir aux premiers honneurs.

Ce que fit la philosophie pour conserver l'état de la Grèce n'est pas croyable. Plus ces peuples étaient libres, plus il était nécessaire d'y établir par de bonnes raisons les règles des mœurs et celles de la société. Pythagore, Thalès, Anaxagore, Socrate, Architas, Platon, Xénophon, Aristote et une infinité d'autres, remplirent la Grèce de ces beaux préceptes.

Pourquoi parler des philosophes? Les poètes mêmes, qui étaient dans les mains de tout le peuple, l'instruisaient plus encore qu'ils ne le divertissaient. Le plus renommé des conquérans regardait Homère comme un maître qui lui apprenait à bien régner. Ce grand poète n'apprenait pas moins à bien obéir et à être bon citoyen.

Quand la Grèce ainsi élevée, regardait les Asiatiques avec leur délicatesse, avec leur parure et leur beauté semblables à celles des femmes, elle n'avait que du mépris pour eux; mais leur forme de gouvernement, qui n'avait pour règle que la volonté du prince, maîtresse de toutes les lois et même des plus sacrées, lui inspirait de l'honneur; et l'objet le plus odieux qu'eut toute la Grèce, étaient les Barbares.

Cette haine était venue aux Grecs dès les premiers temps, et leur était devenue comme naturelle. Une des choses qui faisait aimer la poésie d'Homère, c'est qu'il chantait les victoires et les avantages de la Grèce sur l'Asie. Du côté de l'Asie était Vénus, c'est-à-dire les plaisirs, les folles amours et la mollesse : du côté de la Grèce était Junon, c'est-à-dire la gravité avec l'amour conjugal, Mercure avec l'éloquence, Jupiter et la sagesse politique. Du côté de l'Asie était Mars impétueux et brutal, c'est-à-dire la guerre faite avec fureur : du côté de la Grèce était Pallas, c'est-à-dire l'art militaire et la valeur conduite par l'esprit. La Grèce, depuis ce temps, avait toujours cru que l'intelligence et le vrai courage étaient son partage naturel : elle ne pouvait souffrir que l'Asie pensât à la subjuguer; et, en substituant ce joug, elle eût cru assujétir la vertu à la volupté, l'esprit au corps, et le véritable courage à une force insensée qui consistait seulement dans la multitude.

La Grèce était pleine de ces sentimens quand elle fut attaquée par Darius, fils d'Hystaspe, et par Xerxès, avec des armées dont la grandeur paraît fabuleuse, tant elle est énorme. La Perse éprouva plusieurs fois à son dommage ce que peut la discipline contre la multitude et la confusion, et ce que peut la valeur conduite avec art contre une impétuosité aveugle.

Il ne restait à la Perse, tant de fois vaincue, que de mettre la division parmi les Grecs; et l'état même où ils se trouvaient par leurs victoires rendait cette entreprise facile. Comme la crainte les tenait unis, la victoire et la confiance rompirent l'union. Accoutumés à combattre et à vaincre, quand ils crurent n'avoir plus à craindre la puissance des Perses, ils se tournèrent les uns contre les autres.

Parmi toutes les républiques dont la Grèce était composée, Athènes et Lacédémone étaient sans comparaison les principales. Ces deux grandes républiques, absolument contraires dans leurs mœurs et dans leur conduite, s'embarrassaient l'une l'autre dans le dessein qu'elles avaient d'assujétir toute la Grèce; de sorte qu'elles étaient toujours ennemies, plus encore par la contrariété de leurs intérêts, que par l'incompatibilité de leurs humeurs.

Les villes grecques ne voulaient la domination ni de l'une de l'autre ; car, outre que chacune souhaitait pouvoir conserver sa liberté, elles trouvaient l'empire de ces deux républiques trop fâcheux. On a vu que la guerre du Péloponèse et les autres furent toujours causées ou entretenues par les jalousies de Lacédémone et d'Athènes : mais ces mêmes jalousies qui troublaient la Grèce la soutenaient en quelque façon, et l'empêchaient de tomber dans la dépendance de l'une ou de l'autre de ces républiques.

Les Perses aperçurent bientôt cet état de la Grèce. Ainsi tout le secret de leur politique était d'entretenir ces jalousies et de fomenter ces divisions. Lacédémone, qui était plus ambitieuse, fut la première à les faire entrer dans les querelles des Grecs. Ils y entrèrent dans le dessein de se rendre maîtres de toute la nation; et, soigneux d'affaiblir les Grecs les uns par les autres, ils n'attendaient que le moment de les accabler tous ensemble. Déja les villes de la Grèce ne regardaient dans leurs guerres que le roi de Perse, qu'elles appelaient le grand-roi ou le roi par excellence, comme si elles se fussent déja comptées pour sujettes. Mais il n'était pas possible que l'ancien esprit de la Grèce ne se réveillât à la veille de tomber dans la servitude et entre les mains des Barbares. Agésilas, roi de Lacédémone, fit trembler les Perses dans l'Asie mineure, et montra qu'on les pouvait abattre : Leur faiblesse parut encore davantage par le glorieux succès de la retraite des dix mille Grecs qui avaient suivi le jeune Cyrus.

Toute la Grèce vit alors, plus que jamais, qu'elle nourrissait une milice invincible à laquelle tout devait céder, et que ses seules divisions la pouvaient soumettre à un ennemi trop faible pour lui résister quand elle serait unie.

Philippe, roi de Macédoine, également habile et vaillant, ménagea si bien les avantages que lui donnait, contre tant de villes et de républiques divisées, un royaume, petit à la vérité, mais uni, et où la puissance royale était absolue, qu'à la fin, moitié par adresse et moitié par force, il se rendit le plus puissant de la Grèce, et obligea tous les Grecs à marcher sous ses étendards contre l'ennemi commun. Il fut tué dans ces conjonctures; mais Alexandre, son fils, succéda à son royaume et à ses desseins.

Il trouva les Macédoniens, non-seulement aguerris, mais encore triomphans, et devenus par tant de succès presque autant supérieurs aux autres Grecs en valeur et en discipline que les autres Grecs étaient au-dessus des Perses et de leurs semblables.

Darius, qui régnait en Perse de son temps, était juste, vaillant, généreux, aimé de ses peuples, et ne manquait ni d'esprit ni de vigueur pour exécuter ses desseins. Mais si, on le compare avec Alexandre; son esprit, avec ce génie perçant et sublime; sa valeur, avec la hauteur et la fermeté de ce courage invincible qui se sentait animé par les obstacles, avec cette ardeur immense d'accroître tous les jours son nom, qui lui faisait sentir au fond de son cœur que tout lui devait céder comme à un homme que sa destinée rendait supérieur aux autres, confiance qu'il inspirait non-seulement à ses chefs, mais encore au moindre de ses soldats, qu'il élevait par ce moyen au-dessus des difficultés et au-dessus d'eux-mêmes; on jugera aisément auquel des deux appartenait la victoire.

Si l'on joint à ces choses les avantages des Grecs et des Macédoniens au-dessus de leurs ennemis, on avouera que la Perse, attaquée par un tel héros et par de telles armées, ne pouvait plus éviter de changer de maître. Ainsi l'on découvre en même temps ce qui a ruiné l'empire des Perses, et ce qui a élevé celui d'Alexandre.

Pour lui faciliter la victoire, il arriva que la Perse perdit le seul général qu'elle pût opposer aux Grecs; c'était Memnon, Rhodien. Tant qu'Alexandre eut en tête un si fameux capitaine, il put se glorifier d'avoir vaincu un ennemi digne de lui. Au commencement d'une diversion, qui déja inquiétait toute la Grèce, Memnon mourut, et Alexandre mit tout à ses pieds.

Ce prince fit son entrée dans Babylone avec un éclat qui surpassait tout ce que l'univers avait jamais vu; et, après avoir vengé la Grèce, après avoir subjugué avec une promptitude incroyable toutes les terres de la domination persane, pour assurer de tous côtés son nouvel empire, ou plutôt pour contenter son ambition, et rendre son nom plus fameux que celui de Bacchus, il entra dans les Indes, où il poussa ses conquêtes plus loin que ce célèbre vainqueur. Mais celui que les déserts, les fleuves et les montagnes n'étaient pas capables d'arrêter, fut contraint de céder à ses soldats rebutés, qui lui demandaient du repos.

Il revint à Babylone, craint et respecté, non pas comme un conquérant, mais comme un dieu. Mais cet empire formidable qu'il avait conquis ne dura pas plus long-temps que sa vie, qui fut fort courte. A l'âge de trente-trois ans, au milieu des plus vastes desseins qu'un homme eût jamais conçus, et avec les plus justes espérances d'un heureux succès, il mourut sans avoir eu le loisir d'établir solidement ses affaires, laissant un frère imbécile et des enfans en bas âge, incapables de soutenir un si grand poids.

Mais ce qu'il y avait de plus funeste pour sa maison et pour son empire, c'est qu'il laissait des capitaines à qui il avait appris à ne respirer que l'ambition et la guerre. Il prévit à quels excès ils se porteraient quand il ne serait plus au monde.. Pour les retenir, et de peur d'en être dédit, il n'osa nommer ni son successeur, ni le tuteur de ses enfans. Il prédit seulement que ses amis célébreraient ses funérailles avec des batailles sanglantes, et il expira dans la fleur de son âge, plein des tristes images de la confusion qui devait suivre sa mort.

En effet, la Macédoine, son ancien royaume, tenu par ses ancêtres depuis tant de siècles, fut envahi de tous côtés comme une succession vacante; et, après avoir été long-temps la proie du plus fort, il passa enfin à une autre famille. Ainsi ce grand conquérant, le plus renommé qui fut jamais, a été le dernier roi de sa race. S'il fût demeuré paisible dans la Macédoine, la grandeur de son empire n'aurait pas tenté ses capitaines, et il eût pu laisser à ses enfans le royaume de ses pères. Mais, parce qu'il avait été trop puissant, il fut cause de la perte de tous les siens; et voilà le fruit glorieux de tant de conquêtes!

HISTOIRE
DES SUCCESSEURS D'ALEXANDRE.

AVANT-PROPOS.

§ I. L'histoire dont il me reste à parler dans cet ouvrage, qui est celle des successeurs d'Alexandre, renferme l'espace de deux cent quatre-vingt-treize années, depuis la mort d'Alexandre et le commencement du règne de Ptolémée, fils de Lagus, en Égypte, jusqu'à la mort de Cléopâtre, où l'Egypte devint, sous l'empereur Auguste, une province de l'empire romain.

Cette histoire va présenter à nos yeux tous les crimes qu'une ambition effrénée entraîne ordinairement après elle : jalousie, mauvaise foi, trahison, ingratitude, abus criant du souverain pouvoir, cruauté, impiété; en un mot, l'oubli de tous les sentimens naturels de probité et d'honneur, et le violement de toutes les lois tant humaines que divines. Ce ne seront plus que discordes funestes, que batailles sanglantes, que révolutions affreuses. Des hommes, autrefois amis, élevés ensemble, d'une même nation, compagnons des mêmes périls, instrumens des mêmes exploits et des mêmes conquêtes, conspireront à mettre en pièces l'empire qu'ils avaient tous concouru à former aux dépens de leur sang. On verra les capitaines d'Alexandre immoler à leur ambition la famille de ce prince, son frère, sa mère, ses femmes, ses enfans, ses sœurs, et n'épargner point eux-mêmes ceux à qui ils devaient ou à qui ils avaient donné la vie. Ce ne sont plus ces beaux siècles de la Grèce, féconds en grands hommes et en grands exemples : si l'on en trouve encore quelques traces et quelques restes, ce sont comme des éclairs qui passent rapidement, et qui ne se font remarquer que par la profonde nuit qui les précède et qui les suit.

Je sens parfaitement, et je ne puis le dissimuler, combien un écrivain est à plaindre de n'avoir plus à montrer la nature humaine que par des endroits qui la déshonorent, et qui ne peuvent manquer de causer un fonds de dégoût et une secrète affliction à ceux qu'on en rend les spectateurs. L'histoire perd ce qu'elle a de plus intéressant et de plus capable de plaire et d'instruire, quand elle est réduite à ne le faire que par l'horreur du crime et par les malheurs qui le suivent ordinairement, et qui en sont la juste punition. Il est difficile de retenir long-temps l'attention du lecteur sur des objets qui n'excitent que son indignation, et ce serait lui faire injure que de paraître vouloir le porter à éviter des passions poussées aux derniers excès, dont il ne se croit point capable.

Quel moyen de répandre de l'agrément dans une narration qui n'offre qu'une uniformité de vices et de forfaits, et qui met dans la nécessité de développer avec soin et en détail les actions et les caractères d'hommes qui ne sont nés que pour le malheur du genre humain, et dont la postérité devrait ignorer jusqu'au nom? Plusieurs même pourront penser qu'il est dangereux de familiariser l'esprit du commun des hommes avec un spectacle assidu de crimes trop heureux, et de s'arrêter à décrire les injustes succès de ces illustres criminels, dont la longue prospérité, accompagnée souvent des privilèges et des récompenses de la vertu, semble aux personnes faibles accuser la Providence.

Cette histoire, déja fort désagréable par l'endroit que je viens de marquer, le devient encore davantage par l'obscurité et la confusion qui y règnent, auxquelles il est difficile, pour ne pas dire impossible, de remédier. Dix ou douze capitaines d'Alexandre se font mutuellement la guerre après sa mort pour partager entre eux son empire, et pour s'assurer chacun quelque démembrement plus ou moins grand de ce vaste corps. Tantôt amis feints, tantôt ennemis déclarés, ils forment différens partis, différentes ligues, qui ne durent qu'autant que l'intérêt de chaque particulier le souffre. La Macédoine changea de maître cinq ou six fois en assez peu de temps. Comment mettre de l'ordre et de la clarté dans une si grande multitude et une si prodigieuse diversité d'évènemens qui se croisent les uns les autres, et dont le fil se rompt à chaque instant?

D'ailleurs, je n'ai plus d'auteurs anciens qui puissent me conduire dans ces ténèbres et dans ce chaos. Diodore, après m'avoir guidé quelque temps, m'abandonnera, et aucun autre ne prendra sa place; on ne trouve nulle part rien de suivi; on ne peut donner ni les liaisons des évènemens, ni les circonstances exactes des faits essentiels, ni les motifs des résolutions, ni le caractère propre des principaux acteurs: je me trouve heureux et me console quand Polybe ou Plutarque viennent à mon secours. Dans ce que je dirai des successeurs d'Alexandre, qui est peut-être la partie de l'histoire ancienne la plus compliquée et la plus mêlée d'obcurités et d'embarras, Ussérius, Prideaux et M. Vaillant seront mes guides ordinaires; et souvent je ne ferai que copier Prideaux. Je ne me promets pas, avec cela, de pouvoir mettre dans cette histoire toute la clarté que je souhaiterais.

Après plus de vingt ans de guerre, les principaux compétiteurs se trouvant réduits au nombre de quatre, Ptolémée, Cassandre, Séleucus et Lysimaque, l'empire d'Alexandre se partagea en quatre royaumes fixes, selon la prédiction de Daniel, par un traité solennel et par un accord conclu entre les parties. Trois de ces royaumes, savoir l'Égypte, la Macédoine, la Syrie ou l'Asie, auront une suite de rois assez claire et distinguée. Le quatrième, qui comprenait la Thrace, une partie de l'Asie mineure, et quelques provinces voisines, souffrira beaucoup de variations.

Comme le royaume d'Égypte est celui où il y a eu le moins de changement, parce que Ptolémée, qui était établi sous le nom de gouverneur à la mort d'Alexandre, s'y conserva toujours dans la suite, et le laissa à sa postérité, ce sera lui qui servira comme de base à notre chronologie, et qui fixera nos différentes époques.

Ainsi, le Livre seizième renfermera l'espace de cent soixante et quatre ans et quelques mois, sous les six premiers rois d'Égypte, savoir: Ptolémée, fils de Lagus, qui régna trente-huit ans; Ptolémée Philadelphe, qui en régna quarante; Ptolémée Evergète, dont le règne dura vingt-cinq ans; Ptolémée Philopator, qui en régna dix-sept; Ptolémée Épiphane, dont le règne fut de vingt-quatre ans; et Ptolémée Philométor, qui régna trente-quatre ans, mais dont ce Livre ne renferme pas le règne tout entier.

Pour tâcher de jeter quelque lumière sur l'histoire contenue dans ces livres, j'en donnerai ici par avance un abrégé chronologique, qui en renfermera les principaux évènemens.

Mais auparavant je prie le lecteur de faire avec moi quelques réflexions qui n'ont pas échappé à M. Bossuet, au sujet d'Alexandre. Ce conquérant, le plus renommé et le plus illustre qui fut jamais, a été le dernier roi de sa race. La Macédoine, son ancien royaume, possédée par ses ancêtres depuis tant de siècles, fut envahie de tous côtés comme une succession vacante, et, après avoir été long-temps la proie du plus fort, elle passa enfin à une autre famille. S'il fût demeuré paisible dans la Macédoine, la grandeur de son empire n'aurait pas tenté ses capitaines, et il eût pu laisser à ses enfans le royaume de ses pères. Mais, parce qu'il n'avait point mis de bornes à sa puissance, il fut cause de la perte de tous les siens: nous verrons sa famille entièrement exterminée sans qu'il en reste de traces; ses conquêtes deviendront une occasion de meurtres et de carnage, et donneront lieu à ses capitaines de s'entr'égorger les uns les autres : voilà où aboutira cette bravoure d'Alexandre si vantée, ou, pour parler plus juste, cette férocité qui sous de beaux noms d'ambition et de gloire allait gratuitement ravager les provinces, porter partout le fer et le feu, et répandre le sang de tant d'hommes qui ne lui avaient fait aucun mal.

Il ne faut pas croire néanmoins que la Providence ait abandonné ces évènemens au hasard. Comme elle préparait tout pour la venue prochaine du Messie, elle a eu soin de réunir toutes les nations qui devaient être les premières éclairées de l'Évangile, par le lien d'une même langue, qui est la grecque; et elle les a mises dans la nécessité d'apprendre cette langue étrangère, en les assujétissant à des maîtres qui n'en parlaient point d'autre. Par le commerce de cette langue, devenue la plus vulgaire et la plus générale, Dieu a rendu la prédication des apôtres plus prompte, plus facile et plus uniforme.

On a remarqué encore que le dessein de Dieu, en étendant les conquêtes des

Grecs précisément dans les contrées que l'Évangile devait convertir, a été d'y répandre auparavant la philosophie des Grecs, afin d'humaniser l'esprit des peuples barbares ; de les accoutumer à rentrer en eux-mêmes par de sérieuses réflexions, de les rendre attentifs à la distinction du corps et de l'ame, de la matière et de l'esprit; de réveiller en eux l'idée de l'immortalité de l'ame, et de la dernière fin de l'homme; de rappeler les premiers principes de la loi naturelle; de distinguer le caractère des principales vertus; de donner des règles pour les devoirs de la vie, et d'établir les liens les plus essentiels de la société, dont les particuliers sont les membres. Le christianisme a profité de tous ces préparatifs, et a recueilli le fruit de toutes ces semences, que la Providence avait jetées de loin dans les esprits, et que la grace de Jésus-Christ y a fait germer dans les temps arrêtés de toute éternité par les décrets divins.

Quoique Dieu ait tiré pour son Église tous ces avantages des conquêtes des Grecs, il ne les regardait pas comme moins criminels, ni comme moins punissables. Ce n'était point ses desseins éternels de miséricorde qu'ils se proposaient de servir, mais leur propre ambition et leur avarice. Sa sagesse et sa puissance ont tourné à l'exécution de ses décrets leurs injustes desirs. En effet, il est très remarquable, comme je viens de l'observer, que presque tous les proches et tous les officiers d'Alexandre ont péri misérablement. Dieu a exterminé ces usurpateurs les uns par les autres, et il s'est servi de leur propre ministère pour les punir réciproquement des rapines, des injustices, des cruautés commises contre tant de nations qui ne les avaient point offensés, et dont tout le crime avait été de vouloir demeurer libres et de ne les point reconnaître pour maître *Victumque ulciscitur orbem.*

§II. Le partage de l'empire d'Alexandre-le-Grand, qui se fit aussitôt après la mort de ce prince entre ses généraux, ne subsista pas long-temps, et n'eut presque point de lieu, si l'on en excepte l'Égypte, où Ptolémée s'était établi d'abord, et où il se maintint toujours sans relever de personne.

[Av. J.-C. 300.] Ce ne fut qu'après la bataille d'Ipsus en Phrygie, où Antigone et son fils Démétrius, surnommé Poliorcète, furent vaincus, et où le premier perdit la vie, que ce partage prit une forme fixe et réglée. Alors l'empire d'Alexandre, selon la prophétie de Daniel, fut divisé en quatre royaumes par un traité solennel. Ptolémée eut l'Égypte, la Lybie, l'Arabie, la Célésyrie et la Palestine. Cassandre, fils d'Antipater, eut la Macédoine et la Grèce. Lysimaque eut la Thrace, la Bithynie, et quelques autres provinces au-delà de l'Hellespont et du Bosphore. Enfin Séleucus eut la Syrie et la grande Asie jusqu'au-delà de l'Euphrate et jusqu'au fleuve Indus.

De ces quatre royaumes, celui d'Égypte et celui de Syrie subsistèrent presque toujours dans les mêmes familles sous une longue suite de successeurs. Le royaume de Macédoine eut successivement plusieurs maîtres de différentes familles. Celui de Thrace, partagé dans la suite en diverses branches, ne fit plus un seul corps, et ne laissa point de traces marquées ni suivies.

ROYAUME D'ÉGYPTE.

Le royaume d'Egypte eut quatorze rois, en y comprenant la reine Cléopâtre, après la mort de laquelle l'Egypte devint une province de l'empire romain. Tous ces rois s'appelèrent Ptomélée, d'un nom commun; mais on les distingue tous par des surnoms particuliers. On les appelle aussi Lagides, du nom de Lagus, père de Ptolémée, qui régna le premier en Egypte. Les livres XVI — XIX renfermeront l'histoire des six premiers de ces rois jusqu'à la vingtième année du règne de Ptolémée Philométor. Je mettrai ici leurs noms et la durée de leurs règnes, qui commence aussitôt après la mort d'Alexandre-le-Grand.

Ptolémée Soter. Il régna 38 ans et quelques mois.

Ptolémée Philadelphe, 40, en comptant les deux années qu'il régna du vivant de son père.

Ptolémée Évergète, 25.
Ptolémée Epiphane, 24.
Ptolémée Philopator, 17.
Ptolémée Philométor, 34.

ROYAUME DE SYRIE.

Le royaume de Syrie eut jusqu'à vingt-sept rois; ce qui marque que la durée de leur règne fut souvent fort courte. En effet, plusieurs montèrent sur le trône par le meurtre de leurs prédécesseurs.

On les appelle ordinairement les Séleucides, du nom de celui qui régna le premier en Syrie. On compte six Séleucus et treize Antiochus : ils sont distingués par différens surnoms. D'autres prirent quelques autres noms. Le dernier fut Antiochus XIII du nom, surnommé Epiphane, et l'Asiatique, et Commagène. Ce fut de son temps que Pompée réduisit la Syrie en province de l'empire romain. Selon Eusèbe, elle avait été gouvernée par des rois pendant deux cent cinquante ans.

Les rois de Syrie dont il est parlé dans les livres XVI—XIX, sont au nombre de huit.

Séleucus Nicator. Il régna 20 ans.

Antiochus Soter, 19.

Antiochus Théus, 15.

Séleucus Callinicus, 20.

Séleucus Céraunus, 3.

Antiochus-le-Grand, 37.

Séleucus Philopator, 12.

Antiochus Epiphane, frère de Séleucus Philopator, 11.

ROYAUME DE MACÉDOINE.

Depuis le partage solennel fait entre les quatre princes, la Macédoine changea souvent de maîtres. Cassandre, trois ou quatre ans après ce partage, mourut, et laissa trois fils. Philippe, l'aîné, mourut presque aussitôt que son père. Les deux autres se disputèrent ce royaume et n'en jouirent pas, étant morts peu de temps après, tous deux sans enfans.

Démétrius Poliorcète, Pyrrhus et Lysimaque, se rendirent maîtres de la Macédoine en tout ou en partie, tantôt ensemble, tantôt séparément.

Après la mort de Lysimaque, Séleucus devint maître de la Macédoine, mais il le fut très peu de temps.

Ptolémée Céraunus, l'ayant égorgé, s'empara du royaume. Il le posséda lui-même aussi fort peu de temps, ayant été tué dans un combat par les Gaulois, qui avaient fait une irruption dans le pays.

Sosthène, qui vainquit les Gaulois, régua peu de temps dans la Macédoine.

Enfin Antigone Gonatas, fils de Démétrius Poliorcète, en conséquence d'un traité fait avec Antiochus Soter, demeura paisible possesseur du royaume de Macédoine, et le transmit à ses descendans. Il le gouverna pendant 34 ans.

Démétrius, son fils, lui succéda et régna

10 ans. Il laissa en mourant un fils nommé Philippe, âgé seulement de deux ans.

Antigone Doson, en qualité de son tuteur, régna pendant 12 ans.

Philippe, après sa mort, âgé de quatorze ans, monta sur le trône, et gouverna pendant 40 ans et plus.

Persée, son fils, régna après lui pendant près de 11 années. Il fut vaincu et pris par Paul-Emile; et la Macédoine, peu après cette victoire, fut mise au nombre des provinces de l'empire romain.

ROYAUME DE THRACE ET DE BITHYNIE, ETC.

Ce quatrième royaume, composé de plusieurs provinces séparées et assez distantes les unes des autres, n'eut point de suite, et subsista pas long-temps dans son premier état. Lysimaque, qui en avait été d'abord revêtu, ayant été tué dans un combat après un règne de vingt ans, et toute sa famille exterminée par des meurtres sanglans, ses états furent démembrés, et cessèrent de composer un seul royaume.

§ III. Outre les provinces dont le partage se fit entre les capitaines d'Alexandre, il y en eut quelques-unes dans lesquelles s'étaient déja formés ou se formèrent alors différens états indépendans des Grecs, et dont la puissance augmenta beaucoup dans la suite.

ROIS DE BITHYNIE.

Pendant qu'Alexandre faisait ses conquêtes en Orient, Zypéthès avait jeté les fondemens du royaume de Bithynie. On ne sait qui était ce Zypéthès, si ce n'est que Pausanias juge, sur son nom, qu'il devait être de Thrace. Ses successeurs sont plus connus.

Nicomède I, qui appela les Gaulois pour s'en servir contre son frère, avec qui il était en guerre.

Prusias I.

Prusias II, surnommé *le Chasseur*, chez qui Annibal se retira. Celui-ci l'aida de ses conseils dans la guerre qu'il entreprit contre Eumène II, roi de Pergame.

Nicomède II, qui fut tué par son fils Socrate.

Nicomède III. Il fut secouru par les Romains dans les guerres qu'il eut avec Mithridate, et, par reconnaissance pour eux, il leur laissa en mourant le royaume de Bithynie, qui devint province romaine.

ROIS DE PERGAME.

Ce royaume ne comprenait d'abord qu'une des plus petites provinces de la Mysie, sur les côtes de la mer Égée, vis-à-vis de l'île de Lesbos.

(Av. J.-C. 283.) Philétère en fut le fondateur; c'était un eunuque qui avait servi sous Docime, officier des troupes d'Antigone. Lysimaque lui confia ses trésors, qu'il avait renfermés dans le château de la ville de Pergame. Après la mort de Lysimaque, il demeura maître des trésors et de la ville. Après avoir gouverné pendant vingt ans cette petite souveraineté, il la laissa à Eumène, son neveu.

(Av. J.-C. 263.) Eumène I. Il augmenta sa principauté de quelques villes qu'il prit sur les rois de Syrie, ayant vaincu dans un combat Antiochus, fils de Séleucus. Il régna vingt-deux ans.

(Av. J.-C. 241.) Attale I, son cousin germain, lui succéda. Il prit le titre de roi après avoir vaincu les Galates, et le transmit à sa postérité, qui en jouit jusqu'à la troisième génération. Il aida les Romains dans la guerre contre Philippe. Il mourut après avoir régné quarante-trois ans, et laissa quatre fils.

(Av. J.-C. 197.) Eumène II, son aîné, lui succéda. Ce fut lui qui fonda la fameuse bibliothèque de Pergame. Il régna trente-neuf ans, et laissa la couronne à son frère Attale, sous la qualité de tuteur d'un fils qu'il avait eu de Stratonice, sœur d'Arrathe, roi de Cappadoce. Les Romains augmentèrent considérablement ses états après la victoire qu'ils remportèrent sur Antiochus-le-Grand.

(Av. J.-C. 159.) Attale II. Il épousa Stratonice, veuve de son frère, et prit grand soin de son neveu, à qui il laissa la couronne, après l'avoir portée vingt et un ans.

(Av. J.-C. 138.) Attale III, surnommé *Philométor*. Il se distingua par ses cruautés et son extravagance. Il mourut après un règne de cinq ans, et laissa les Romains héritiers de ses richesses et de son royaume.

(Av. J.-C. 133.) Aristonique, qui prétendait devoir y succéder, voulut défendre ses droits contre les Romains. Après une guerre de quatre ans, le royaume de Pergame fut réduit en province romaine.

ROIS DE PONT.

(Av J.-C. 514.) Le royaume de Pont, dans l'Asie Mineure, était un démembrement ancien que Darius, fils d'Hystaspe, roi de Perse, fit lui-même de sa monarchie en faveur d'Artabaze, que quelques historiens disent avoir été fils d'un des seigneurs perses qui avaient conspiré contre les mages.

Le Pont est une région de l'Asie Mineure, située en partie sur les bords du Pont-Euxin, d'où elle a tiré son nom. Elle s'étend depuis le fleuve Halys jusqu'à la Colchide. Plusieurs princes y régnèrent depuis Artabaze.

(Av. J.-C. 404.) Le sixième fut Mithridate I; et c'est lui proprement qu'on regarde comme le fondateur du royaume de Pont. La plupart de ses successeurs portèrent le même nom.

(Av. J.-C. 366.) Ariobarzane, son fils, lui succéda. Il avait le gouvernement de Phrygie sous Artaxerxe Mnémon. Il régna 26 ans.

(Av. J.-C. 337.) Mithridate II. Antigone, soupçonnant qu'il favorisait Cassandre, voulut, sur un songe qu'il eut, le faire mourir. Il évita ce danger par la fuite. Il régna 35 ans.

(Av. J.-C. 302.) Mithridate III. Il ajouta à ses états la Cappadoce et la Paphlagonie. Il régna 36 ans.

Après deux autres rois, régna Mithridate IV, bisaïeul du grand Mithridate. Il épousa une fille de Séleucus Callinicus, roi de Syrie, dont il eut Laodice, qui fut mariée à Antiochus-le-Grand.

(Av. J. C. 185.) Pharnace, son fils, lui succéda. Il eut quelques différends avec les rois de Pergame. Il se rendit maître de Sinope, qui dans la suite devint la capitale du royaume de Pont.

Mithridate V fut surnommé *Évergète*. C'est le premier qui fut appelé ami des Romains, parce qu'il leur avait envoyé du secours contre les Carthaginois dans la troisième guerre punique.

(Av. J.-C. 123.) Mithridate VI, son fils, lui succéda. Il fut surnommé *Eupator*. C'est le grand Mithridate, qui fit si long-temps la guerre aux Romains. Il régna 66 ans.

ROIS DE CAPPADOCE.

Strabon nous apprend que, sous les Perses, la Cappadoce était divisée en deux satrapies, ou gouvernemens, et qu'elle le fut aussi de même sous les Macédoniens. La Cappadoce maritime était celle où se forma le royaume de Pont, dont je viens de parler. L'autre était la Cappadoce proprement dite, ou la grande Cappadoce, qui s'étendait le long du mont Thaurus et beaucoup encore par-delà.

(Av. J.-C. 322.) Quand les capitaines d'Alexandre partagèrent entre eux les provinces de son empire, la Cappadoce était possédée par un prince nommé Ariarathe. Perdiccas l'attaqua, le vainquit, et le fit mourir.

Ariarathe, son fils, quelque temps après rentra dans le royaume de son père, et s'y affermit si bien qu'il le laissa à sa postérité.

La plupart de ses successeurs portèrent le même nom : il en sera parlé dans le corps de l'histoire.

Après la mort d'Archélaüs, le dernier de ses rois, la Cappadoce fut réduite en province de l'empire romain, comme tout le reste de l'Asie le fut aussi à peu près dans le même temps.

ROIS D'ARMÉNIE.

L'Arménie, qui est un vaste pays de l'Asie en-deçà et au-delà de l'Euphrate, fut soumise par les Perses, puis elle passa avec leur empire aux Macédoniens, et enfin elle devint le partage des Romains. Elle a conservé long-temps ses rois. Le plus considérable de tous est Tigrane, qui épousa la fille du grand Mithridate, roi de Pont, et qui fit aussi long-temps la guerre aux Romains. Ce royaume se maintint long-temps entre les deux empires des Romains et des Parthes, dépendant tantôt des uns et tantôt des autres, jusqu'à ce qu'enfin les Romains en devinrent les maîtres.

ROIS D'ÉPIRE.

L'Épire est une province de la Grèce, séparée de la Thessalie et de la Macédoine par le mont Pindus. Les plus puissans de ses peuples étaient les Molosses.

Les rois d'Épire prétendaient descendre de Pyrrhus, fils d'Achille, qui était venu s'établir dans ce pays : ils s'appelaient *Éacides*, du nom d'Eacus, grand-père d'Achille.

La généalogie des derniers rois, les seuls qui soient connus, est rapportée diversement par les auteurs, et devient, par cette raison, fort douteuse et obscure.

Arymbas, après une longue suite de rois, monta sur le trône. Comme il était encore enfant, les états de l'Épire, qui savaient que le bonheur des peuples dépend de la bonne éducation des princes, l'envoyèrent à Athènes, qui était comme le centre et le domicile des beaux-arts et des sciences, pour puiser dans cette excellente école toutes les connaissances propres à former l'esprit et le cœur d'un roi. Il y apprit effectivement l'art de régner; et comme il surpassa tous ses ancêtres en habileté et en science, aussi fut-il infiniment plus estimé et chéri des peuples qu'ils ne l'avaient été. A son retour il fit des lois, établit un sénat et des magistrats, et régla la forme du gouvernement.

Néoptolème, dont la fille Olympias avait

épousé Philippe, roi de Macédoine, parvint, par le crédit de son gendre, à partager la royauté avec Arymbas, son frère aîné. Après la mort de celui-ci, Éacide, son fils, devait lui succéder. Philippe eut encore le crédit de le faire chasser par les Molosses, qui établirent Alexandre, fils de Néoptolème, seul roi d'Epire.

Alexandre épousa Cléopâtre, fille de Philippe. Il porta la guerre en Italie, et y périt dans le pays des Brutiens. Eacide alors monta sur le trône, et règna seul en Epire. Il épousa Phthia, fille de Ménon le Thessalien, dont il eut deux filles, Déidamie et Troïade, et un fils qui est le célèbre Pyrrhus.

Comme Eacidas marchait au secours d'Olympias, ses troupes se révoltèrent contre lui, le firent condamner à l'exil, et tuèrent la plupart de ses amis. Pyrrhus, encore enfant, échappa heureusement à ce meurtre.

Néoptolème, prince du sang, dont on connaît peu l'origine, fut placé sur le trône par les Epirotes.

Pyrrhus, rappelé par ses sujets à l'âge de douze ans, partagea d'abord le royaume avec Néoptolème; puis, s'en étant défait, il régna seul.

(Av. J.-C. 271.) L'histoire nous apprendra les différentes aventures de ce prince. Il fut tué dans la ville d'Argos, dont il voulait se rendre maître.

Hélénus, son fils, régna après lui quelque temps en Epire, qui fut dans la suite réunie à l'empire romain.

TYRANS D'HÉRACLÉE.

Héraclée est une ville du Pont, bâtie anciennement par les Béotiens, qui, sur l'ordre d'un oracle, y envoyèrent une colonie.

Dans le temps que les Athéniens, vainqueurs des Perses, imposèrent un tribut aux villes de la Grèce et de l'Asie Mineure pour l'équipement et l'entretien d'une flotte destinée à défendre le liberté commune, les habitans d'Héraclée, par attachement pour les Perses, furent les seuls qui refusèrent d'entrer dans une si juste contribution. Lamachus fut envoyé contre eux, et ravagea toutes leurs terres: une rude tempête cependant ayant ruiné toute sa flotte, il se vit abandonné à la merci de ces peuples, dont la férocité naturelle devait être beaucoup aigrie par le mauvais traitement qu'ils venaient d'en recevoir; mais ils crurent ne devoir s'en venger que par des bienfaits, en lui fournissant des vivres et des troupes pour s'en retourner. Ils regardaient le ravage de leurs terres comme un gain pour eux, s'ils pouvaient, à ce prix, d'ennemis qu'étaient les Athéniens, s'en faire des amis.

(Av. J.-C. 364.) Il s'excita, quelque temps après, à Héraclée une violente émeute de la populace contre les riches et contre les sénateurs. Ceux-ci, ayant imploré inutilement le secours, d'abord de Timothée, Athénien, puis d'Epaminondas, Thébain, se virent obligés de rappeler, pour la défense de leur patrie, un sénateur qu'eux-mêmes en avaient exilé : il s'appelait Cléarque. L'exil ne l'avait pas rendu plus honnête homme ni meilleur citoyen. Profitant du trouble où il trouva la ville pour s'en rendre maître, il se déclara ouvertement pour le peuple, se fit donner la première magistrature, et s'attribua bientôt une autorité souveraine. Devenu tyran déclaré, il n'y eut point de violences qu'il n'exerçât contre les riches et contre les sénateurs pour assouvir son avarice et sa cruauté; et il se proposa pour modèle, en tout, Denys le tyran, qui dans le même temps avait établi son empire à Syracuse.

Après douze ans d'une dure et inhumaine servitude, deux jeunes citoyens, disciples de Platon et instruits dans ses maximes, formèrent une conspitation contre Cléarque, et, l'ayant tué, délivrèrent leur patrie du tyran, mais non de la tyrannie.

(Av. J.-C. 352.) Timothée, son fils, prit sa place, et s'y conduisit comme son père pendant l'espace de quinze ans.

(Av. J.-C. 337.) Denys, frère de Timothée, lui succéda. Il avait été en danger d'être dépossédé par Perdiccas : mais comme celui-ci fut bientôt tué, il se fit ami d'Antigone, auquel il donna du secours contre Ptolémée dans la guerre de Cypre.

Il épousa Amastris, veuve de Cratère et fille d'Oxiathre, frère de Darius : et cette alliance lui releva tellement le courage, qu'il prit le titre de roi, et augmenta son état par la prise de quelques places qui étaient aux environs d'Héraclée.

(Av. J.-C. 304.) Il mourut deux ou trois ans avant la bataille d'Ipsus ; et après un règne de trente-trois ans, laissant deux fils et une fille sous la tutelle et la régence d'Amastris.

L'administration de cette princesse fut heureuse par la bonne volonté qu'Antigone eut pour elle. Elle fit bâtir une ville, appelée de son nom Amastris, dans laquelle elle transporta les habitans des trois autres villes; et, après la mort d'Antigone, elle se remaria à Lysimaque.

AUTRES ROIS.

Il y a eu aussi des rois particuliers au Bosphore cimmérien, dans la Thrace, à Cyrène dans l'Afrique, dans la Paphlagonie, la Colchide, l'Ibérie, l'Albanie, et dans plusieurs autres endroits ; mais leur histoire n'est pas connue, et ils ont eu peu de suite.

Il n'en est pas de même du royaume des Parthes, que nous verrons dans la suite se former, et qui se rendra terrible à l'empire romain. Celui des Bactriens prendra aussi naissance dans le même temps. Je parlerai de l'un et de l'autre en son lieu.

LIVRE SEIZIÈME.

HISTOIRE DES SUCCESSEURS D'ALEXANDRE, DEPUIS LA MORT DE CE PRINCE JUSQU'A LA BATAILLE D'IPSUS.

Ce livre renferme les disputes et les guerres entre les généraux d'Alexandre, depuis la mort de ce prince jusqu'à la bataille d'Ipsus en Phrygie, qui décida de leur sort. Cet espace est de vingt-trois ans, qui sont les vingt-trois premières années du règne de Ptolémée, fils de Lagus, depuis l'an du monde 3681 jusqu'à l'an 3704.

§ I. En rapportant, dans ce volume, la mort d'Alexandre-le-Grand, j'ai remarqué combien, à la première nouvelle qui s'en répandit, il s'excita de mouvemens et de troubles dans l'armée. Tous généralement, soldats et officiers, occupés d'abord uniquement de la perte qu'ils venaient de faire d'un prince qu'ils aimaient comme un père, et qu'ils respectaient presque comme un dieu, se livrèrent sans mesure à la douleur et aux larmes. Un morne silence régna d'abord dans tout le camp, qui fut bientôt suivi de cris et de gémissemens affreux, vrai langage du cœur, où n'avait aucune part une vaine ostentation de tristesse, accordée à la bienséance et à la coutume, comme il arrive souvent en pareilles occasions.

Quand ces premiers sentimens de tristesse et de regrets eurent fait place à la réflexion, ils envisagèrent avec frayeur et tremblement l'état où les laissait la mort d'Alexandre. Ils se trouvaient infiniment éloignés de leur patrie, au milieu de peuples récemment assujétis, peu accoutumés au nouveau joug, qui connaissaient à peine leurs nouveaux maîtres, et qui n'avaient pas eu le temps d'oublier leur première liberté, leurs anciennes lois, et la forme du gouvernement sous lequel ils avaient toujours vécu. Comment maintenir dans l'obéissance tant de pays, et d'une si vaste étendue? Comment arrêter les séditions et les révoltes qui devaient naturellement éclater de tous côtés dans ce moment décisif? Comment même contenir dans le devoir des troupes accoutumées de longue main aux plaintes et aux murmures, et commandés par des chefs qui avaient chacun des vues et des prétentions bien différentes ?

L'unique remède à tant de maux était, ce semble, de donner le plus promptement qu'il serait possible un successeur à Alexandre. Les troupes, les officiers, tout l'état macédonien, marquèrent d'abord beaucoup d'empressement pour ce parti. En effet, leur intérêt commun, leur conservation mutuelle, la sûreté des nouvelles conquêtes au milieu de tant de nations barbares, exigeaient qu'ils regardassent cette élection comme le premier ou le plus important de leurs soins, et qu'ils songeassent à choisir quelqu'un capable de remplir une si grande place, de porter un si grand poids, et de maintenir partout l'ordre et la paix. Mais il était écrit que le royaume d'Alexandre, après sa mort, serait partagé, qu'il serait déchiré, *regnum ejus lacerabitur... regnum ejus conteretur*; et qu'il ne passerait point, comme c'est la coutume, à un de ses descendans : *Sed non posteros ejus*. Nulle sagesse humaine ne pouvait lui donner un successeur unique. Ils avaient beau délibérer, consulter, décider : rien de contraire ne devait être exécuté, ou du moins ne pouvait subsister. Une puissance supérieure et invisible avait déja disposé de ce royaume, et en avait fait le partage sans retour, comme on le verra dans la suite. Les circonstances du démembrement en avaient été annoncées près de trois cents ans auparavant : les portions étaient déja assignées aux différens possesseurs, et rien ne pouvait mettre obstacle à leur prise de possession, qui ne sera différée que de quelques années. Jusqu'à ce temps les hommes se remueront, s'agiteront, se donneront bien des mouvemens; mais tous leurs efforts n'aboutiront qu'à l'accomplissement de ce que le souverain maître des royaumes avait ordonné, et qu'il avait fait prédire par son prophète.

Alexandre avait eu de Barsine un fils, à qui il donna le nom d'Hercule. Roxane, une autre de ses femmes, était grosse quand ce prince mourut. Outre cela il avait un frère naturel, appelée Aridée. Mais, en mourant, il ne voulut disposer de ses états en faveur d'aucun héritier. Ainsi ce vaste empire, qui n'avait plus de maître, devint une source de discordes et de guerres, comme Alexandre l'avait bien prévu, en disant que ses amis célèbreraient ses funérailles avec des batailles sanglantes.

Ce qui augmentait la division était l'égalité qui se trouvait entre les généraux de l'armée, dont aucun n'était nullement supérieur à ses collègues, ou par la naissance, ou par le mérite, que les autres voulussent lui céder l'empire et se soumettre à son autorité. La cavalerie voulait qu'on donnât pour successeur à Alexandre Aridée, son frère bâtard. Il n'avait pas le jugement bien sain depuis une grande maladie qu'il avait eue dans son enfance, causée, à ce qu'on prétendait, par des breuvages que lui avait fait donner Olympias, et qui lui troublèrent l'esprit. Cette princesse ambitieuse, craignant que les bonnes qualités qu'elle voyait paraître dans Aridée ne devinssent un obstacle à la grandeur de son fils Alexandre, crut devoir prendre les criminelles précautions dont je viens de parler. L'infanterie s'était déclarée contre ce prince; et elle avait à sa tête Ptolémée, et d'autres chefs d'un grand nom, qui commencèrent à songer, chacun de son côté, à leur propre établissement;

car il se fit alors une subite révolution dans l'esprit de ces officiers, qui leur fit dédaigner tout d'un coup l'état de particulier, et tout établissement dépendant et subalterne, pour aspirer à la souveraineté, à laquelle aucun d'eux n'avait jamais pensé, et ne se serait pas même cru capable de prétendre.

Ces disputes, qui occupaient tous les esprits, furent cause que le corps d'Alexandre demeura sept jours sans être enseveli ; et, si l'on croit quelques auteurs, sans éprouver la corruption. Il fut ensuite livré aux Egyptiens et aux Chaldéens, qui l'embaumèrent à leur manière; et un Aridée, autre que celui dont je viens de parler, fut chargé du soin de le faire transporter à Alexandrie.

Après beaucoup d'agitations et de troubles, les principaux officiers s'étant abouchés dans une conférence dont on était convenu, il fut arrêté, d'un commun consentement, qu'Aridée serait roi, ou plutôt qu'il aurait l'ombre de la royauté. Ce qui devait l'exclure du trône, je veux dire l'imbécillité de son esprit, fut précisément la raison qu'on eut de l'y faire monter, et qui réunit tous les suffrages en sa faveur. Elle laissait à chacun ses espérances et ses prétentions, et les couvrait. On convint, dans la même assemblée, que si Roxane, qui était grosse de six ou huit mois, avait un fils, il serait joint à Aridée, et mis sur le trône avec lui. Perdiccas, à qui Alexandre en mourant avait laissé son anneau, fut chargé de la personne du prince comme une espèce de tuteur, et fut établi régent du royaume.

La même assemblée, quelque respect qu'elle eût pour la mémoire d'Alexandre, cassa quelques-unes de ses dispositions énoncées dans ses registres, qui auraient été ruineuses à l'état, et qui en auraient épuisé les finances. Il avait ordonné qu'on élèverait six temples magnifiques en certaines villes qu'il marquait, et il avait fixé le prix de chacun à cinq cents talens, c'est-à-dire à cinq cent mille écus. Il voulait qu'on bâtît, au tombeau de Philippe, son père, une pyramide qui ne le cédât en rien, pour la grandeur et la magnificence, à celle d'Egypte, qui passait pour une des sept merveilles du monde. Il y avait encore d'autres dépenses de ce genre, qui furent sagement abrogées.

Peu de temps après, Roxane accoucha d'un fils, qu'on appela Alexandre, et il fut reconnu pour roi conjointement avec Aridée; mais l'un et l'autre n'en avaient que le nom. L'autorité était tout entière entre les mains des grands seigneurs et des généraux, qui avaient partagé entre eux les provinces.

En Europe, la Thrace et les régions voisines furent confiées à Lysimaque; la Macédoine, l'Epire et la Grèce, à Antipater et à Cratère.

En Afrique, l'Egypte et les autres conquêtes d'Alexandre dans la Libye et la Cyrénaïque furent laissées à Ptolémée, fils de Lagus, avec la partie de l'Arabie qui avoisine l'Egypte. Et c'est de ce temps, vers l'automne, au mois de Thot, qu'on commence à compter les années de l'empire des Lagides en Egypte, quoique Ptolémée n'ait pris le nom de roi qu'environ dix-sept ans après, conjointement avec les autres successeurs d'Alexandre.

Dans l'Asie Mineure, la Lycie, la Pamphylie et la grande Phrygie furent données à Antigone; la Carie, à Cassandre; la Lydie, à Ménandre; la petite Phrygie, à

Léonat; l'Arménie, à Néoptolème; la Cappadoce et la Paphlagonie, à Eumène. Ces deux provinces n'avaient jamais été bien soumises aux Macédoniens, Ariarathe, roi de Cappadoce, continuait à les gouverner comme auparavant, Alexandre ayant passé avec tant de rapidité à ses autres conquêtes, qu'il ne voulut pas s'amuser à le réduire tout-à-fait, et se contenta d'une légère soumission.

La Syrie et la Phénicie échurent à Laomédon; des deux Médies, l'une à Atropate, et l'autre à Perdiccas; la Perse, à Peuceste; la Babylonie, à Archon; la Mésopotamie, à Arcésilas; la Parthie et l'Hyrcanie, à Phratapherne; la Bactriane et la Sogdiane, à Philippe; et d'autres régions, à des généraux dont les noms sont peu connus.

Séleucus, fils d'Antipater, fut mis à la tête de toute la cavalerie des alliés, ce qui était une place considérable, et Cassandre, fils d'Antipater, à la tête des compagnies des gardes.

La haute Asie qui approche des Indes, et les Indes mêmes, furent laissées entre les mains de ceux qu'Alexandre y avait établis pour gouverneurs.

Il en fut de même presque généralement pour toutes les provinces que je viens de nommer; et c'est dans ce sens que la plupart des interprètes expliquent l'endroit des Machabées où il est dit qu'Alexandre, ayant appelé les grands de sa cour qui avaient été nourris avec lui, leur partagea son royaume de son vivant. En effet, il est assez vraisemblable que ce prince, se voyant près de mourir, et ne voulant pas se désigner lui-même parmi eux un successeur unique, se contenta de les confirmer tous dans les gouvernemens qu'il leur avait donnés; ce qui suffit pour dire « qu'il leur partagea son royaume lorsqu'il vivait encore. »

Ce partage n'était que l'ouvrage des hommes, et il ne sera pas de longue durée. Celui qui règne seul, et qui est seul roi des siècles, en avait fait un autre; il avait assigné à chacun sa portion, et en avait marqué l'étendue et les bornes. Il n'y aura que cette disposition qui subsistera.

Le partage arrêté dans l'assemblée fut la source et la cause de bien des divisions et des guerres, comme la suite nous le fera connaître, chacun des gouverneurs prétendant exercer dans son département une autorité souveraine et indépendante. Aucun pourtant, par respect pour la mémoire d'Alexandre, ne prit le nom de *roi*, tant que ceux de sa race qui avaient été placés sur le trône demeurèrent en vie.

Parmi les gouverneurs de province que j'ai nommés, quelques-uns se distinguèrent au-dessus de tous les autres par leur crédit, leur mérite, leurs cabales, et formèrent différens partis, auxquels les autres s'attachèrent, chacun selon ses vues particulières d'intérêt et d'ambition; car il ne faut pas s'attendre que, dans un tel mouvement, les motifs du bien public aient beaucoup de part aux résolutions qui s'y prennent.

J'en excepte poutant Eumène, le plus vertueux sans contredit de tous ces gouverneurs, et qui ne leur cédait point en bravoure, lequel, par principe de probité, demeura toujours constamment attaché au parti des deux rois. Il était de Cardie, ville de Tharse, et d'une naissance fort obscure. Philippe, qui avait remarqué en lui, dès sa jeunesse, de rares qualités, se l'était attaché en qualité de secrétaire, et avait pris en lui une grande confiance. Il ne fut pas moins en crédit sous Alexandre, qui lui donna une grande marque d'estime et de considération. Barsine, la première personne que ce prince aima en Asie, et dont il eut un fils nommé Hercule, avait une sœur de même nom ; il la fit épouser à Eumène *. Nous verrons que ce sage favori répondit dignement à l'affection de ces deux princes, même après leur mort. Ses sentimens et ses actions nous montreront qu'on peut être roturier par la naissance, et très noble par le cœur.

J'ai rapporté, dans ce même volume, que Sysigambis, qui avait supporté avec patience la mort de son père, de son mari et de son fils, ne put survivre à celle d'Alexandre. La mort de cette princesse fut suivie de près de celle de ses deux petites-filles, Statira, veuve d'Alexandre, et Drypétis, veuve d'Éphestion. Roxane, qui appréhendait que Statira ne se trouvât enceinte d'Alexandre aussi bien qu'elle, et que la naissance d'un garçon ne dérangeât les mesures prises pour assurer la succes-

* Arrien lui donne une autre femme.

sion au fils dont elle espérait être grosse, engagea les deux sœurs à la venir voir; et elle s'en défit secrètement par le secours de Perdiccas, seul confident d'un si noir attentat.

Il est temps d'entrer dans le détail des actions des successeurs d'Alexandre. Je commencerai par la révolte des Grecs dans l'Asie supérieure, et par la guerre qu'Antipater eut à soutenir contre la Grèce, parce que ces matières sont plus isolées et presque entièrement séparées des autres.

§ II. (Av. J.-C. 323.) Les Grecs qu'Alexandre avait établis en forme de colonies dans le provinces de l'Asie supérieure n'y demeuraient qu'avec regret, parce qu'ils n'y trouvaient pas les douceurs et les agrémens dont ils s'étaient flattés, et ils conservaient dans leur cœur depuis long-temps un vif desir de retourner dans leur patrie. Ils n'avaient pas osé témoigner leur mécontentement du vivant d'Alexandre; mais dès qu'ils eurent appris la nouvelle de sa mort, ils se déclarèrent ouvertement. Ayant armé vingt mille hommes d'infanterie, tous gens aguerris et expérimentés, avec trois mille chevaux, ils mirent à leur tête Philon, et se préparèrent au départ, sans prendre de conseil ni recevoir d'ordre que d'eux-mêmes, comme s'ils n'eussent plus été soumis à aucune autorité, et qu'ils n'eussent plus reconnu de maître ni de supérieur.

Perdiccas, qui prévoyait les conséquences d'une telle entreprise dans un temps où tout était en mouvement, et où les troupes, aussi bien que la plupart des officiers, ne respiraient que l'indépendance, envoya contre eux Pithon, officier d'un mérite généralement reconnu. Celui-ci se chargea volontiers de cette commission, dans l'espérance de gagner ces Grecs, et de se procurer par leur moyen un établissement considérable dans l'Asie supérieure. Perdiccas, averti de son dessein, donna un étrange ordre aux Macédoniens qu'il envoyait avec lui, qui était d'exterminer généralement tous les révoltés. Quand Pithon fut arrivé, il gagna par argent trois mille des Grecs, qui, ayant lâché le pied dans le combat, lui procurèrent une pleine victoire. Les vaincus se rendirent à condition qu'on leur conserverait la liberté et la vie, et c'était l'intention de Pithon. Mais il n'en fut pas le maître. Les Macédoniens, se croyant obligés d'exécuter les ordres de Perdiccas, égorgèrent sans pitié tous ces Grecs, sans avoir égard à la parole qu'ils leur avaient donnée. Pithon, frustré de son espérance, retourna avec les Macédoniens vers Perdiccas.

Cette expédition fut suivie de près de la guerre de Grèce. La nouvelle de la mort d'Alexandre, étant arrivée à Athènes, y avait excité de grandes rumeurs et causé une joie presque universelle. Le peuple, qui depuis long-temps portait avec peine le joug que la Macédoine avait imposé à la Grèce, ne parlait que de liberté, ne respirait que guerre, et se livrait sans mesure aux emportemens d'une joie folle et excessive. Phocion, qui était d'un caractère sage et modéré et qui craignait que la nouvelle ne se trouvât pas véritable, tâchait de calmer les esprits et d'arrêter ces saillies fougueuses qui ne laissaient point de lieu à la réflexion et au conseil. Comme, malgré ses efforts, la plupart des orateurs criaient que la nouvelle était véritable, et qu'Alexandre était certainement mort, Phocion se leva et leur dit : « Mais, s'il est mort aujourd'hui, il le sera encore demain, et encore après demain, de sorte que nous aurons tout le temps de délibérer en repos et avec plus de sûreté. »

Léosthène, qui le premier avait répandu cette nouvelle à Athènes, ne cessait de parler devant le peuple avec beaucoup d'arrogance et de vanité. Phocion, las de l'entendre, lui dit : « Jeune homme, vos discours ressemblent à des cyprès ; ils sont grands et hauts, mais ne portent point de fruit. » On lui savait mauvais gré de s'opposer si fortement aux volontés du peuple. Hypéride, s'étant levé, lui demanda : Quand sera-ce donc que vous conseillerez aux Athéniens de faire la guerre? Ce sera, lui répondit Phocion, quand je verrai les jeunes gens prendre une ferme résolution de garder une exacte discipline, les riches contribuer selon leur pouvoir aux frais de la guerre, et les orateurs s'abstenir de voler les deniers publics. »

Les remontrances de Phocion furent inutiles. La guerre fut résolue, et il fut arrêté qu'on députerait vers tous les peuples de la

Grèce pour les exhorter à entrer dans la ligue. C'est la guerre que tous les Grecs, excepté les Thébains, unis ensemble pour la liberté de la Grèce, firent sous la conduite de Léosthène contre Antipater, et qui fut appelée *la guerre lamiaque*, du nom d'une ville où ce dernier fut défait dans une première bataille.

Démosthène qui était encore en exil à Mégare, mais qui dans son malheur conservait toujours un zèle vif et ardent pour les intérêts de sa patrie et pour la défense de la liberté commune, se joignit aux ambassadeurs d'Athènes envoyés vers le Péloponèse, et les ayant merveilleusement secondés par la force de son éloquence, il engagea dans la ligue Sicyone, Argos, Corinthe, et les autres villes du Péloponèse.

Le peuple d'Athènes, admirant un zèle si noble et si généreux fit sur-le-champ un décret pour le rappeler de son exil. On lui envoya à Égine une galère à trois rangs de rames. Quand il fut entré au port du Pirée, il n'y eut ni magistrats ni prêtres qui restassent dans la ville : tous les citoyens sortirent en foule pour aller au-devant de cet illustre exilé, et le reçurent avec toutes les démonstrations possibles d'affection et de joie, et en même temps de douleur et de repentir de l'injure qu'on lui avait faite. Démosthène, vivement touché des honneurs extraordinaires qu'on lui rendait, et rentrant comme en triomphe dans sa patrie au milieu des acclamations publiques, levait les mains vers le ciel pour remercier les dieux d'une protection si éclatante, et se félicitait lui-même d'une journée plus glorieuse encore pour lui que n'avait été pour Alcibiade celle du retour de son exil : car ses citoyens le recevaient de leur pur mouvement et de leur bon gré; au lieu que la réception d'Alcibiade n'avait pas été pleinement volontaire, et qu'il y était entré de la contrainte.

La plupart des anciens redoutaient extrêmement les suites d'une guerre, où il leur parassait qu'on s'était engagé avec trop de précipitation et sans en avoir examiné les conséquences avec toute l'attention et toute la maturité que demandait une entreprise de cette importance. Ils trouvaient qu'il n'y avait encore aucune nécessité de se déclarer ouvertement contre les Macédoniens dont les troupes aguerries de longue main étaient à craindre, et l'exemple de Thèbes, détruite par une pareille témérité, les effrayait. Mais les orateurs, qui trouvaient leur avantage dans les troubles publics, et à qui, comme le disait Philippe, la guerre tenait lieu de paix, et la paix de guerre, ne laissaient pas au peuple le temps de délibérer mûrement sur les affaires qu'on lui proposait, et l'entraînaient dans leurs sentimens par une éloquence flatteuse et qui ne lui montrait dans l'avenir que victoires et triomphes.

Ici Démosthène et Phocion, qui ne manquaient ni de zèle ni de prudence, et qui n'avaient en vue que le bien public, se trouvèrent d'avis différent; ce qui ne leur était pas extraordinaire. Il ne m'appartient point de prononcer lequel des deux avait raison. Dans une conjoncture aussi embarrassante que celle-ci, il n'est pas étonnant qu'on se sépare, quoiqu'avec de bonnes intentions de part et d'autre. Le parti de Phocion était peut-être le plus prudent; celui de Démosthène, le plus glorieux.

Quoi qu'il en soit, on leva une armée

considérable, et l'on équipa une flotte très nombreuse. On enrôla tous les citoyens en âge de porter les armes, qui étaient au-dessous de quarante ans. Des dix tribus qui composaient la république, trois furent laissées pour la défense de l'Attique, le reste marcha au-dehors avec les autres alliés sous la conduite de Léosthène.

Antipater, sur tous les mouvemens qu'il avait su qu'on se donnait dans la Grèce, ne s'était pas endormi, et avait envoyé en Phrygie vers Léonat, et en Cilicie vers Cratère, pour les presser de venir à son secours. En les attendant il se mit en marche avec treize mille Macédoniens seulement, et six cents chevaux : les fréquentes recrues qu'il avait envoyées à Alexandre ne lui avaient pas laissé plus de troupes du pays.

Il est étonnant qu'Antipater ait entrepris de combattre toute la Grèce liguée, avec cette poignée d'hommes. Il comptait sans doute que les Grecs n'avaient plus cet ancien zèle et cette ancienne ardeur pour la liberté; qu'ils ne la regardaient plus comme un avantage inestimable, pour la conservation duquel il fallait sacrifier ses biens et sa vie ; qu'ils commençaient à se familiariser avec la servitude, et par-là s'en rendaient dignes. C'était en effet la disposition présente des Grecs, à laquelle on ne reconnaît pas les enfans de ceux qui avaient soutenu courageusement tous les efforts de l'Orient, et combattu un million d'hommes pour se conserver libres.

Antipater s'avança vers la Thessalie, suivi de sa flotte qui rangeait les côtes de la mer. Elle était composée de cent dix galères à trois rangs de rames. Les Thessaliens s'étaient d'abord déclarés pour lui ; mais bientôt après, ayant changé de sentiment, ils se joignirent aux Athéniens, et leur menèrent une forte cavalerie.

Comme l'armée des Athéniens et des alliés était beaucoup plus nombreuse que celle de Macédoine, Antipater n'en put soutenir le choc, et fut vaincu dans un premier combat. N'osant en hasarder un second, et ne pouvant pas se retirer en sûreté dans la Macédoine, il se renferma dans Lamia, petite ville de Thessalie, pour attendre le secours qui lui devait venir d'Asie, et s'y fortifia. Les Athéniens en formèrent le siège.

L'attaque de Lamia était fort vive, et la résistance non moins vigoureuse. Léosthène, après plusieurs tentatives, désespérant de la pouvoir emporter de force, se réduisit à la bloquer pour la prendre par famine. Il l'environna d'un mur de contrevallation, avec un fossé très profond, et par ce moyen lui coupa les vivres. La disette se fit bientôt sentir dans la ville; et les assiégés songeaient sérieusement à se rendre, lorsque, dans une sortie qu'ils firent, Léosthène reçut une blessure considérable qui obligea de le porter dans sa tente. On donna le commandement de l'armée à Antiphile, également estimé des troupes pour sa valeur et pour sa prudence.

(Av. J.-C. 322.) Cependant Léonat s'était mis en marche pour aller au secours des Macédoniens assiégés dans Lamia. Il était chargé, aussi bien qu'Antigone, par l'accord fait entre les généraux, d'établir à main armée Eumène dans la Cappadoce; mais des vues particulières leur firent prendre un autre parti. Léonat, qui avait pris une entière confiance dans Eumène, lui déclara en partant que la promesse de secourir Antipater n'était pour lui qu'un vain prétexte, et que son véritable dessein était de passer en Grèce pour se rendre maître de la Macédoine; et il lui fit voir des lettres de Cléopâtre, sœur d'Alexandre, qui le sollicitait de venir à Pella, et lui promettait de l'épouser. Léonat, étant près de Lamia, marcha droit à l'ennemi avec vingt mille hommes d'infanterie et deux mille cinq cents chevaux. La prospérité avait mis le désordre dans l'armée des Grecs. Plusieurs, sous différens prétextes, s'étaient retirés chez eux; ce qui avait beaucoup diminué le nombre des troupes, qui se trouvaient réduites à vingt-deux mille hommes d'infanterie. La cavalerie montait à trois mille cinq cents chevaux, dont deux mille étaient de Thessalie, qui faisaient la principale force de l'armée et toute l'espérance du succès. En effet, le combat s'étant donné, ce fut cette cavalerie qui eut la plus grande part à la victoire; elle était commandée par Ménon. Léonat, couvert de blessures, tomba mort sur le champ de bataille, et fut emporté par les siens dans le camp. La phalange macédonienne, qui cragnait extrêmement le choc de la cavalerie, se retira sur des hauteurs où les Thessaliens ne purent la suivre. Les Grecs, ayant enlevé leurs morts, érigèrent un trophée, et se retirèrent.

On ne parlait à Athènes que des glorieux exploits de Léosthène, qui ne survécut pas long-temps à sa gloire. Toute la ville était dans la joie, et ne cessait de célébrer des fêtes et d'offrir des sacrifices pour remercier les dieux de tous les avantages qu'elle remportait. Les ennemis de Phocion, croyant lui faire beaucoup de dépit, et le réduire à ne savoir que répondre sur l'opposition qu'il avait toujours apportée à cette guerre, lui demandaient s'il ne voudrait pas avoir fait toutes ces belles choses : « Oui, sans doute, répondit Phocion, je voudrais les avoir faites; mais je ne voudrais pas n'avoir point conseillé ce que j'ai conseillé. » Il ne croyait pas qu'on dût juger d'un conseil par le succès, mais par le fond même et par la qualité du conseil ; et il ne reconçait pas à son avis, quoique l'avis contraire eût réussi; ce qui prouvait seulement que de ce côté-là il y avait eu plus de bonheur, mais non pas plus de sagesse. Et comme ces bonnes nouvelles se suivaient de fort près, et arrivaient du camp coup sur coup, Phocion, qui en craignait les suites, s'écria : « Quand cesserons-nous donc de vaincre? »

Antipater fut obligé de se rendre par capitulation. L'histoire ne nous apprend point quels furent les articles du traité. La suite nous fait connaître seulement que Léosthène exigea de lui qu'il se rendît à discrétion. Ce dernier mourut, peu de jours après, de la blessure qu'il avait reçue au siège. Antipater, étant sorti de Lamia le lendemain de la bataille, car il paraît qu'on le traita favorablement, se joignit aux débris de l'armée de Léonat, et prit le commandement des troupes. Il se donna bien de garde de hasarder une seconde bataille; mais en capitaine sage et expérimenté, il conduisait ses troupes sur des hauteurs inaccessibles à la cavalerie ennemie. Antiphile, le général des Grecs, retint les siennes dans la Thessalie, se contentant d'observer les mouvemens d'Antipater.

Clitus, qui commandait la flotte macédonienne, remporta, environ dans ce même temps, deux victoires près des îles Échinades sur Éétion, amiral de celle des Athéniens.

Enfin Cratère, qu'on attendait depuis long-temps, arriva en Thessalie, et s'arrêta près du fleuve Pénée. Il céda le commandement à Antipater, et voulut bien servir sous lui. Les troupes qu'il avait amenées, jointes à celles de Léonat, montaient à plus de quarante mille hommes d'infanterie, à trois mille archers ou frondeurs, et à cinq mille chevaux. L'armée des alliées était beaucoup inférieure en nombre. Elle n'était que de vingt-cinq mille hommes de pied, et de trois mille cinq cents chevaux. La discipline y était mal observée depuis les victoires qu'elle avait remportées. Il se donna une bataille assez considérable, près de Cranon, où les Grecs furent battus. La défaite ne fut pas grande, et ils ne perdirent pas beaucoup de monde; encore cet échec n'arriva-t-il que par la licence des soldats, et par le peu d'autorité des capitaines qui ne savaient pas se faire obéir.

Le lendemain, Antiphile et Ménon, les deux généraux de l'armée des Grecs, assemblèrent le conseil pour savoir si l'on attendrait le retour des troupes qui s'étaient retirées dans leur pays, ou s'y l'on ferait à l'ennemi des propositions d'accommodement; ce dernier parti l'emporta. Les députés partirent sur-le-champ, portant parole pour tout le corps des alliés. Antipater répondit qu'il voulait traiter séparément avec chacune des villes, comptant qu'il en viendrait à bout plus facilement; et il ne se trompait pas : cette réponse rompit la négociation. Il ne se fut pas plus tôt présenté devant les villes des alliés, qu'ils se débandèrent et abandonnèrent lâchement la liberté, chacun ne songeant qu'à son accommodement particulier.

Ce que l'on voit ici confirme bien ce que j'ai dit auparavant de la disposition présente des peuples de la Grèce. Ce ne sont plus ces anciens zélateurs de la liberté, uniquement attentifs au bien public et à la gloire de la nation, qui regardaient le danger de leurs voisins et de leurs alliés comme le leur propre, et qui au premier signal volaient à leur secours. Un redoutable ennemi est aux portes d'Athènes : toutes les républiques de la Grèce sont sans action et sans vigueur; tout le Péloponèse demeure immobile, et il n'est non plus parlé de Sparte que si elle ne subsistait plus : triste effet de la jalousie des peuples les uns contre les autres, de leur indifférence pour la liberté commune, d'un funeste engourdissement au milieu des plus grands périls, qui annonce et qui prépare une décadence et une ruine prochaine.

Antipater, profitant de cette désertion, marchant incontinent avec son armée vers Athènes qui se trouvait abandonnée de tous ses alliés, et par conséquent hors d'état de se défendre contre un ennemi puissant et victorieux. Avant qu'il y entrât, Démosthène et tous ceux de son parti, qu'on pouvait regarder comme les derniers des Grecs, et comme les défenseurs d'une liberté mourante, sortirent de la ville; et le peuple, pour se décharger sur eux du reproche de lui avoir déclaré la guerre, et pour gagner ses bonnes graces, les condamna à mort, sur le décret que Démade en dressa. Le lecteur n'a pas oublié que c'est ce même peuple qui venait de rappeler Démosthène par un décret si honorable, et de le recevoir en triomphe.

Par un second décret, le même Démade fit ordonner qu'on enverrait à Antipater, qui était pour lors à Thèbes, des ambassadeurs avec de pleins pouvoirs pour traiter avec lui de la paix; Phocion était à leur tête. Le vainqueur déclara qu'il fallait que les Athéniens s'en remissent entièrement à lui, comme lui-même, lorsqu'il fut assiégé dans la ville de Lamia, s'était entièrement remis de la capitulation à Léosthène leur général.

Phocion alla rapporter cette réponse à Athènes, qui fut obligée d'accepter la condition, quelque dure qu'elle fût. Il s'en retourna donc à Thèbes avec les autres ambassadeurs, auxquels on avait joint Xénocrate, dans l'espérance que la vue seule d'un philosophe si célèbre inspirerait du respect à Antipater, et le forcerait à rendre hommage à sa vertu. C'était bien mal connaître le cœur humain, et en particulier le caractère violent et cruel d'Antipater, que de se flatter qu'un ennemi à qui l'on faisait une guerre ouverte renoncerait à ses avantages par respect pour la vertu d'un seul homme, et sur la harangue d'un philosophe, lequel apparemment s'était déclaré contre lui. Antipater ne daigna pas le regarder, et, quand il voulut entrer en discours, car il était chargé de porter la parole, il l'interrompit brusquement, et, voyant qu'il continuait, il lui imposa silence. Il ne traita pas de la même sorte Phocion. Après qu'il eut parlé, Antipater leur fit réponse « qu'il était prêt à faire amitié et alliance avec les Athéniens à ces conditions : qu'ils lui livreraient Démosthène et Hypéride; qu'ils rétabliraient le gouvernement sur l'ancien pied, où les charges étaient données aux riches; qu'ils recevraient garnison dans le port de Munychia; qu'ils paieraient tous les frais de la guerre, et, outre cela, une grosse amende dont on conviendrait. » Ainsi, selon Diodore, il n'y eut que ceux qui avaient plus de deux mille dragmes de revenu qui eurent part au gouvernement et droit de suffrage. Antipater, par-là, prétendait se rendre maître absolu d'Athènes, sachant bien que les riches, qui possédaient les charges et avaient de grands revenus, seraient beaucoup plus dans sa dépendance qu'une pauvre et vile populace, qui n'avait rien à perdre, et qui n'écoutait que son caprice.

Tous les autres ambassadeurs étaient fort contens de ces conditions, qu'ils regardaient comme fort douces, vu l'état où ils se trouvaient. Xénocrate seul en jugea autrement. « Elles sont très douces, dit-il, pour des esclaves, mais très dures pour des hommes libres. »

Les Athéniens furent donc obligés de recevoir dans Munychia la garnison macédonienne, qui était commandée par Ményllc, très honnête homme, et des amis particuliers de Phocion. Elle entra pendant la fête des grands mystères, et le propre jour que l'on mène en procession, de la ville à Éleusine, le dieu Iacchus; triste conjoncture pour les Athéniens, et qui les pénétra de douleur. « Hélas! disaient-ils en comparant les temps passés à ce qu'ils voyaient, anciennement dans nos plus grandes adversités les dieux se manifestaient à nous, pendant cette sainte cérémonie, par des visions mystiques *, et par des voix qu'ils faisaient entendre, au grand étonnement de nos ennemis, qui en étaient

* Les Athéniens étaient fort superstitieux, et, par cette raison, très crédules à tout ce qu'on leur disait de leurs dieux.

effrayés; et aujourd'hui, à la même solennité, les dieux voient tranquillement le plus grand des malheurs qui pouvaient arriver à la Grèce : ils voient le plus saint de tous les jours de l'année, et celui qui nous est le plus agréable, souillé et marqué par la plus affreuse de toutes les calamités, qui lui donnera même son nom jusqu'à la fin des siècles. »

La garnison, commandée par Ménylle ne fit aucun mal aux habitans; mais il y en eut plus de douze mille qui furent, à cause de leur pauvreté, exclus du gouvernement par un des articles du traité. Une partie de ces malheureux demeura dans Athènes, traînant une triste vie dans l'opprobre et le mépris qu'ils s'étaient justement attiré; car c'était, pour la plupart, des esprits brouillons et mercenaires, sans vertu, sans justice, flattés d'une fausse idée de liberté dont ils ne savaient pas user, et dont ils ne connaissaient ni les bornes, ni les devoirs, ni la fin. Les autres citoyens pauvres, pour éviter cette honte, abandonnèrent la ville, et se retirèrent en Thrace, où Antipater leur assigna une ville et des terres pour leur habitation.

Démétrius de Phalère fut obligé de s'enfuir. Il se retira vers Nicanor, en qui Cassandre, fils d'Antipater, avait beaucoup de confiance, et qu'il fit gouverneur de Munychia après la mort de son père, comme nous le verrons bientôt. Ce Démétrius avait été, non-seulement le disciple, mais l'ami intime du célèbre Théophraste. Sous un aussi savant maître, il perfectionna les talens naturels qu'il avait pour l'éloquence, et se rendit habile dans la philosophie, la politique et l'histoire. Il était fort estimé à Athènes. Il avait commencé à y entrer dans le gouvernement des affaires dès le temps qu'Harpalus s'y était rendu, après s'être déclaré contre Alexandre. Dans le temps dont nous parlons, il fut obligé de sortir d'Athènes, qui le condamna même bientôt après, quoique absent, sous un vain prétexte d'irréligion.

Tout le poids de la colère d'Antipater tomba particulièrement sur Démosthène, Hypéride, et quelques autres Athéniens qui les avaient suivis. Quand il sut qu'ils s'étaient dérobés à sa vengeance par la fuite, il envoya après eux des gens pour les reprendre, et mit à leur tête un certain Archias, qui avait joué autrefois des tragédies. Cet Archias, ayant trouvé à Égine l'orateur Hypéride, Aristonicus de Marathon, et Himérée, frère de Démétrius de Phalère, qui tous trois s'étaient réfugiés dans le temple d'Ajax, les arracha de leur asile, et les envoya à Antipater, qui était alors à Cléones, où il les fit mourir. On dit même qu'il fit couper la langue à Hypéride.

Le même Archias, ayant appris que Démosthène, retiré dans l'île de Calaurie, s'était rendu suppliant dans le temple de Neptune, y passa sur des esquifs; et, étant descendu à terre avec quelques soldats de Thrace, il alla dans le temple, et fit tous ses efforts pour persuader à Démosthène de venir avec lui vers Antipater, l'assurant qu'il ne lui serait fait aucun mal. Demosthène connaissait trop les hommes pour se fier à sa parole. Il savait que ces âmes vénales et vendues à l'iniquité, ces infâmes ministres d'ordres également injustes et cruels, ne se piquent pas, non plus que leurs maîtres, de sincérité et de vérité. Pour éviter de tomber entre les mains d'un tyran qui aurait exercé sur lui toute sa fureur, il avala du poison qu'il portait toujours sur lui. Ce poison produisit son effet assez promptement. Se sentant affaiblir, il s'avança soutenu sur les bras de quelques domestiques et tomba mort au pied de l'autel.

Peu de temps après, les Athéniens, pour lui marquer leur estime et leur reconnaissance, lui firent ériger une statue de bronze, et ordonnèrent par un décret, que d'âge en âge l'aîné de sa famille serait nourri dans le Prytanée aux dépens du public; et au bas de la statue ils firent graver cette inscription, qui était conçue en deux vers élégiaques : « Démosthène, si tu avais eu autant de force que de bons sens, jamais Mars le Macédonien n'aurait triomphé de la Grèce. » Quel cas doit-on faire du jugement d'un peuple capable de se porter, presque dans le même temps, à des extrémités si opposées; qui condamne aujourd'hui un citoyen à mort, et qui le lendemain le comble d'honneurs et de louanges?

Ce que j'ai dit de Démosthène en plusieurs occasions me dispense ici de faire au long son portrait et son caractère. Il était, non-seulement grand orateur, mais grand homme d'état. Il avait de nobles et de grandes vues, un zèle à toute épreuve pour l'honneur et les intérêts de sa patrie, une haine irréconciliable contre tout ce qui sentait la tyrannie, et un amour de la liberté tel qu'on peut se l'imaginer dans le républicain le plus ennemi qui fut jamais de toute servitude et de toute dépendance. Une sagacité merveilleuse le faisait percer dans l'avenir, et lui montrait les évènemens futurs et éloignés comme s'ils eussent été présens. Il paraissait informé de tous les desseins de Philippe, comme s'il eût été admis à son conseil; et, si les Athéniens eussent voulu suivre ses avis, jamais ce prince ne serait parvenu à ce degré de puissance qui causa la perte de la Grèce, comme Démosthène l'avait souvent prédit.

Il connaissait parfaitement Philippe, et était bien étoigné de le louer comme faisaient la plupart des orateurs. Deux ambassadeurs, avec qui il avait été député vers lui, ne cessant, à leur retour, de vanter le roi de Macédoine, et de dire que c'était un prince très éloquent, très beau, et très grand buveur : « Quelle louange! reprit Démosthène; la première qualité est d'un rhéteur, la seconde d'une femme, la troisième d'une éponge, mais nulle d'un roi. »

Pour ce qui regarde l'éloquence, on ne peut rien ajouter à ce qu'en dit Quintilien dans le parallèle qu'il fait de Démosthène et de Cicéron. Après avoir montré que les parties essentielles et les grandes qualités de l'orateur leur sont communes, il marque en particulier la différence qui se trouve entre eux pour le style et l'élocution. « L'un, dit-il, est plus précis, l'autre plus abondant. L'un serre de plus près son adversaire; l'autre, pour le combattre, se donne plus de champ. L'un songe toujours à le percer, pour ainsi dire, par la vivacité de son style; l'autre souvent l'accable aussi par le poids du discours. Il n'y a rien à retrancher à l'un, et rien à ajouter à l'autre. On voit en Démosthène plus de soin et d'étude; en Cicéron, plus de naturel et de génie. »

J'ai marqué ailleurs un autre trait de différence entre ces deux grands orateurs, qu'on me permettra de rapporter encore ici. Ce qui caractérise Démosthène plus que tout le reste, et en quoi il n'a point eu d'imitateur, est un oubli si parfait de lui-même, une exactitude si scrupuleuse à ne faire jamais parade d'esprit, un soin si perpétuel de ne rendre l'auditeur attentif qu'à la cause et point du tout à l'orateur, que jamais il ne lui échappe une expression, un tour, une pensée, qui n'ait pour but simplement que de plaire et de briller. Cette retenue, cette sobriété dans un aussi beau génie qu'était Démosthène, dans des matières si susceptibles de grace et d'élégance, met le comble à son mérite, et est au-dessus de toutes les louanges.

Cicéron connaissait bien tout le prix de l'éloquence de Démosthène; il en sentait bien toute la force et toute la beauté. Mais, persuadé que l'orateur doit, quand il ne s'agit que de choses non essentielles, former son style sur le goût de ceux qui l'écoutent, il ne crut pas que son siècle fût susceptible d'une si rigide exactitude, et il jugea à propos d'accorder quelque chose aux oreilles et à la délicatesse de ses auditeurs, qui demandaient dans les discours plus d'élégance et plus de grace. Ainsi, quoiqu'il ne perdît jamais de vue l'utilité de la cause qu'il plaidait, il donnait pourtant quelque chose à l'agrément; et en cela même il prétendait bien travailler pour l'intérêt de sa partie, et il y travaillait en effet, puisqu'un des plus sûrs moyens de persuader est de plaire : mais il travaillait aussi pour sa propre réputation, et ne s'oubliait pas lui-même.

La mort de Démosthène et celle d'Hypéride firent regretter aux Athéniens les règnes de Philippe et d'Alexandre, et leur rappelèrent dans l'esprit la magnanimité, la générosité et la clémence que ces deux princes conservèrent même dans leur courroux, toujours prêts à pardonner, à remettre les offenses, et à relever leurs ennemis; au lieu qu'Antipater, sous le masque d'un homme privé, sous un vil manteau et sous les apparences d'une vie simple et frugale, affectant de ne prendre aucun titre d'autorité, se montrait en effet un maître dur et impérieux.

Cependant, malgré toute sa dureté, Phocion ne laissa pas d'obtenir de lui par ses prières le rappel de plusieurs bannis. Il y a lieu de croire que Démétrius fut de ce nombre : ce qu'il y a de certain, c'est qu'il eut beaucoup de part aux affaires de la république depuis ce temps-là. Pour ceux que Phocion ne put faire revenir, il leur procura des lieux plus commodes et moins éloignés ; car il fit en sorte qu'ils ne fussent pas relégués, comme l'ordre en avait été d'abord expédié, au-delà des monts Cérauniens et du promontoire de Ténare, et privés du doux séjour de la Grèce, mais qu'ils demeurassent dans le Péloponèse. Qui pourrait s'empêcher ici d'admirer, d'un côté, le bon et généreux naturel de Phocion qui emploie son crédit auprès des puissances pour procurer quelques soulagemens à des malheureux ; et de l'autre, une sorte d'humanité dans un prince qui ne s'en piquait pas néanmoins, mais qui sentait bien qu'il y aurait eu de la dureté d'ajouter encore de nouvelles peines aux incommodités de l'exil ?

Du reste, Antipater gouverna avec beaucoup de justice et de douceur ceux qui restèrent dans Athènes, pourvut des premières charges et des principaux emplois ceux qui lui parurent les plus honnêtes gens et les plus vertueux, se contentant d'éloigner de toute magistrature ceux qu'il croyait portés et propres à exciter des troubles. Il savait que ce peuple n'était point capable de porter ni une servitude ni une liberté entière : ainsi il crut devoir ôter à l'une ce qu'elle aurait eu de trop dur, et à l'autre ce qu'elle avait d'excessif et de licencieux.

Après une campagne si glorieuse, le vainqueur reprit la route de Macédoine pour y faire la cérémonie du mariage de Phila, sa fille, avec Cratère. Cette fête se passa avec la pompe la plus auguste. Phila était une des princesses de son siècle les plus accomplies. Sa beauté faisait la moindre partie de son mérite. L'éclat en était beaucoup relevé par la douceur et la modestie qui brillaient sur son visage, et par un air de bonté et une pente à obliger qui lui gagnaient tous les cœurs. Elle joignait à des qualités si estimables un génie supérieur et une rare prudence, qui la rendaient capable des plus grandes affaires. On dit que, toute jeune qu'elle était, Antipater son père, l'un des plus habiles politiques de son temps, n'entreprenait rien d'important sans la consulter. Elle n'employa le crédit qu'elle eut sur l'esprit de ses deux maris (car, après la mort de

Cratère, elle épousa Démétrius, fils d'Antigone), que pour faire du bien aux officiers, ou à leurs filles, ou à leurs sœurs : si elles étaient pauvres, elle leur donnait de quoi se marier ; si le malheur voulait qu'on vînt à les calomnier, elle-même s'intéressait à leur justification. Une libéralité si généreuse l'avait rendue toute-puissante auprès des troupes : il n'était point de cabales qu'elle ne dissipât par sa présence, ni de révoltes qu'elle n'assoupît par ses manières.

§ III. (Av. J.-C. 321.) Vers ce temps-là se fit le convoi d'Alexandre. Aridée, ayant été chargé, par tous les gouverneurs et par tous les grands du royaume, de la pompe funèbre de ce prince, avait employé deux ans à disposer tout ce qui pouvait la rendre la plus riche et la plus éclatante qu'on eût encore vue. Lorsque toutes choses furent prêtes pour cette lugubre mais superbe cérémonie, l'on donna les ordres pour commencer la marche. Elle fut précédée par un grand nombre de pionniers et d'autres ouvriers, afin de rendre praticables tous les chemins par lesquels on devait passer.

Après qu'ils eurent été aplanis, on vit partir de Babylone ce magnifique chariot, dont l'invention et le dessin se faisaient autant admirer que les richesses immenses qu'on y découvrait. Le corps du chariot portait sur deux essieux, qui entraient dans quatre roues faites à la mode de Perse, dont les moyeux et les rayons étaient dorés, et les jantes revêtues de fer. Les extrémités des essieux étaient d'or, représentant des muffles de lions qui mordaient un dard. Le chariot avait quatre timons; et à chaque timon étaient attelés quatre rangs de quatre mulets chacun, en sorte qu'il y avait, pour tirer ce chariot, soixante-quatre mulets. On avait choisi les plus forts et de la plus haute taille. Ils avaient des couronnes d'or et des colliers enrichis de pierres précieuses, avec des sonnettes d'or.

Sur ce choriot s'élevait un pavillon tout d'or qui avait douze pieds de large sur dix-huit de long, soutenu par des colonnes d'ordre ionique embllies de feuilles d'acanthe. Il était orné, au-dedans, de pierres précieuses disposées en forme d'écailles. Tout autour régnait une frange d'or en réseau, dont les filets avaient un doigt d'épaisseur, où étaient attachées de grosses sonnettes, qui se faisaient entendre de fort loin.

Dans la décoration du dehors on voyait quatre bas-reliefs.

Le premier représentait Alexandre assis dans un char et tenant à sa main un sceptre superbe, environné, d'un côté, d'une troupe de Macédoniens armés, et, de l'autre, d'une pareille troupe de Persans armés à leur manière. Devant eux marchaient les écuyers du roi.

Dans le second on voyait des éléphans harnachés de toutes pièces, portant, sur le devant, des Indiens, et, sur le derrière, des Macédoniens, armés comme dans un jour d'action.

Dans le troisième étaient représentés des escadrons de cavalerie en ordre de bataille.

Le quatrième montrait des vaisseaux tout prêts à combattre.

A l'entrée de ce pavillon étaient des lions d'or qui semblaient la garder.

FIN DU TOME DIX-NEUVIÈME.

TABLE DES MATIERES

CONTENUES

DANS LE TOME DIX-NEUVIÈME

Suite du § XVI.

LIVRE SEIZIÈME.

FIN DE LA TABLE DU TOME DIX-NEUVIÈME.

www.ingramcontent.com/pod-product-compliance
Ingram Content Group UK Ltd.
Pitfield, Milton Keynes, MK11 3LW, UK
UKHW021056230726
13926UKWH00004B/1878

9 782014 444124